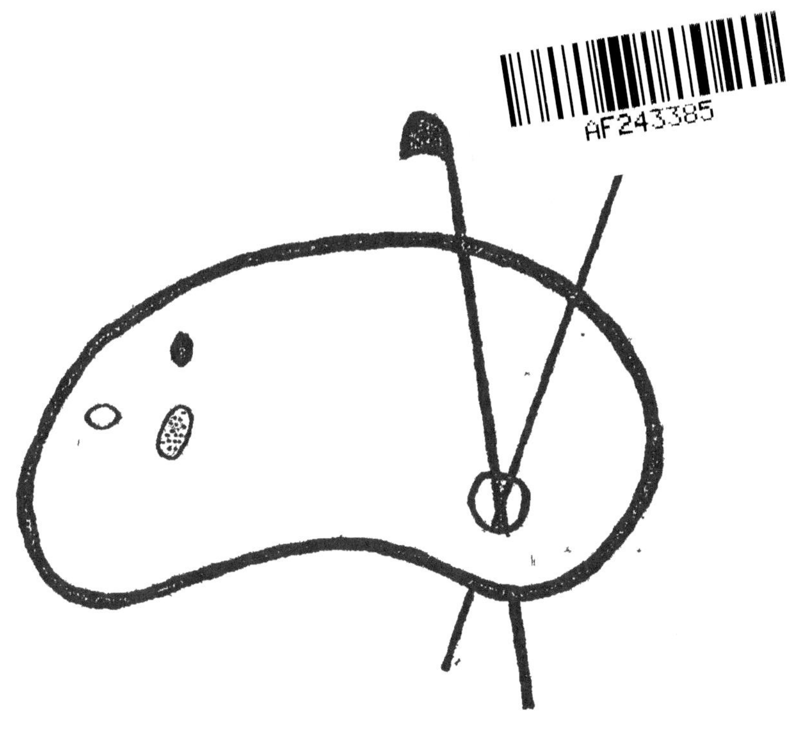

DEBUT D'UNE SERIE DE DOCUMENTS
EN COULEUR

ADDITION POSTHUME

à la

DESCRIPTION

DU

DÉPARTEMENT DE L'AVEYRON

PAR A.-A. MONTEIL

Ornée de Dessins
et précédée d'une Bio-Bibliographie

RODEZ

ALFRED BRU, LIBRAIRE-ÉDITEUR

1888

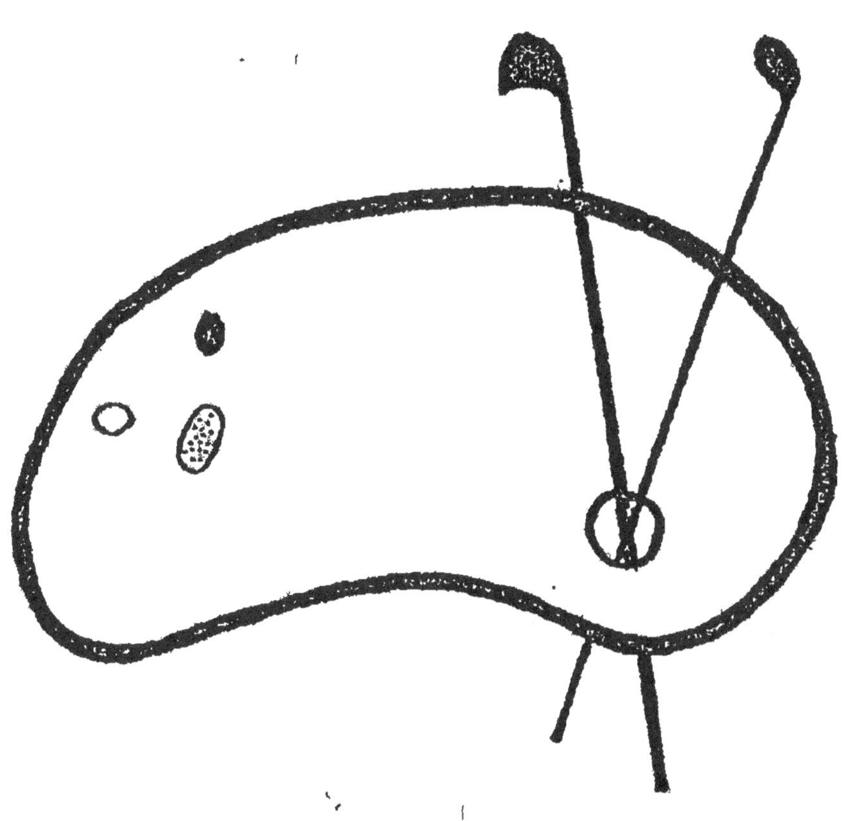

FIN D'UNE SERIE DE DOCUMENTS
EN COULEUR

Monteil

ADDITION POSTHUME

à la

DESCRIPTION

DU

DÉPARTEMENT DE L'AVEYRON

PAR A.-A. MONTEIL

Ornée de Dessins

et précédée d'une Bio-Bibliographie

RODEZ

ALFRED BRU, LIBRAIRE-ÉDITEUR

—

1888

BIO-BIBLIOGRAPHIE

Monteil (Amans-Alexis), fils de Jean-Baptiste, originaire de Brenac, près de Sainte-Geneviève, avocat au Parlement, conseiller du Roi, etc., et de Marie Mazet, de Rodez, naquit en cette ville en 1769, la même année que Napoléon Ier, auquel on l'associe dans sa pensée ou plutôt auquel on l'oppose quelquefois.

Amans-Alexis fut surnommé Bellecombe, d'une propriété de famille suivant l'usage du temps. Il fit ses études primaires et secondaires dans sa ville natale, chez le vicaire de chœur de la Cathédrale, chez les Frères, au Collège. Ses parents avaient des biens près de Sainte-Radegonde et de Marcillac. C'est dire où l'étudiant prenait ses vacances et gravait dans son esprit des souvenirs que nous retrouvons dans ses écrits. A seize ans il tentait de s'engager ; mais ce projet n'eut pas de suite. Il alla faire son droit à Toulouse, où il fut reçu avocat. Il débuta, à la Révolution, dans les fonctions de secrétaire du district d'Aubin ; c'est là qu'il fit l'apprentissage des hommes et des choses. Devenu en l'an V professeur à l'école centrale du département, il travailla en même temps à la *Description du Département de l'Aveiron*; il recueillit les derniers matériaux nécessaires à l'exécution de ses travaux, pendant qu'il remplissait les fonctions de secrétaire de la Commission du commerce et des arts du département, au sein de laquelle l'appela le préfet en l'an IX. Le ministre de l'Intérieur voulut, sur la seule réputation de l'auteur, contribuer aux frais de l'impression. De son côté, l'Administration départementale fut

jalouse aussi de reconnaître et d'encourager les efforts
d'un aveyronnais dont le talent grandissait chaque jour.
Voici une lettre à ce sujet.

« Rodez, le 28 nivôse de l'an 8
de la République française.

» L'Administration centrale du Département de l'Aveiron,
au Ministre de l'Intérieur.

» Citoyen Ministre,

» Il y a quelque temps que le citoyen Monteil, professeur d'histoire de notre école Centrale, étant sur le point
de faire imprimer la description de ce Département avec
cartes et gravures, nous proposa de contribuer aux frais
de cette entreprise. Nous crumes devoir defférer à ses
désirs et souscrire pour 180 exemplaires à raison de 4 fr.
chacun. Le prix en fut acquitté sur le champ, afin de
mettre ce citoyen à même de solder une partie des
dépenses qui n'avaient pour objet que l'utilité de nos
administrés. Nous avons lieu d'espérer, citoyen Ministre,
que vous voudrez bien autoriser notre souscription. Le
projet de cet ouvrage a été approuvé par votre prédécesseur (François de Neufchâteau) qui, comme nous, a acheté
et payé d'avance 150 exemplaires. L'impression, qui en
avait été retardée par des circonstances étrangères à la
bonne volonté de l'auteur, va être reprise, dès que les
divisions territoriales seront deffinitivement fixées, et nos
concitoyens jouiront dans peu d'un travail de plusieurs
années employées en courses et en observations.

» Au reste, nous vous observerons que, comme votre
prédécesseur, l'Administration souscrivit sans avoir pris
aucune connaissance de l'ouvrage.

» Salut et respect,

» CARRIÉ président, PASSELAC, ROGERY, CAMBON,
J.-P. RANDON commissaire. »

Le jeune professeur dut à cette description, en l'an XII, la chaire d'histoire et de géographie à l'école militaire de Fontainebleau, et, un peu après, celle de bibliothécaire de cette même école. Alors il acheta une petite propriété aux Sablons, près de Fontainebleau, et vint prendre pour femme, à Saint-Geniez-d'Olt, Marie-Anne-Rose Rivié, le type, ce semble, mais un peu moins agreste, du portrait de sa villageoise (Pl. I). Alexis, son fils, naquit en 1804, « républicain, mais de bien peu, car l'orfèvre forgeait déjà la couronne de Napoléon. » Monteil venait d'écrire ses *Essais sur le perfectionnement de quelques parties de la milice moderne* ou *Lettres à un capitaine*, publiées dans le XIIIe volume des *Mémoires* de la Société des lettres, sciences et arts de l'Aveyron. La deuxième, « maudite lettre », dit-il, « écrite à bonne intention, m'a coûté bien du chagrin. » Elle lui coûta probablement la perte de sa place. L'auteur dut être traité de dangereux *idéologue* par le nouveau César.

C'est de 1805 que date la première minute, une ébauche de son *Histoire des Français des divers états... aux cinq derniers siècles*, dont on peut trouver le germe et la division même dans la *Description du département de l'Aveyron*. Monteil vécut, quelques longues années, d'espérances, avec sa femme et son enfant, tantôt à Paris, écrivant dans les journaux, tantôt aux Sablons, où il travaillait à son *Histoire des Français des divers états;* là il se plaisait à faire sa chère Annette confidente de ses pages, d'où celle-ci voyait sortir des ruisseaux d'or. Tristes illusions ! Bientôt le petit manoir fut forcément vendu au gouvernement de l'Empereur et Annette tomba malade. Monteil fut nommé professeur d'histoire et de littérature à l'école de cavalerie de Saint-Germain, 1813. Sa femme, étant venue respirer l'air des montagnes natales pour rétablir sa santé, mourut à Aubin. De Saint-Germain, Monteil passa à Saint-Cyr, 1815, professeur

d'histoire et bibliothécaire-archiviste-secrétaire des con-
seils de l'école militaire, dont il classa la bibliothèque
d'après une méthode à lui. Il résigna son emploi en 1818
et rédigea quelque temps les Ordonnances au ministère
de la Guerre. La Restauration le fit chevalier de la Légion
d'honneur, 1819-20. S'étant retiré à Chaillot, puis à Passy,
où il vécut dans une situation précaire, il se consacra de
plus en plus, assisté de son fils, à son grand ouvrage,
dont il avait rassemblé la plupart des documents (qu'il
vendait ensuite) durant les loisirs que lui avaient laissé
ses fonctions de professeur. Les deux premiers tomes
parurent en 1827, grâce à l'artifice délicat de Laromi-
guière, son grand ami. En 1832 il échoua pour deux voix
à l'Académie des sciences morales et politiques et, fier
comme il était dans sa modestie, ne voulut plus se pré-
senter. L'année suivante il perdit son cher Alexis… En
1833, Guizot, ministre de l'Instruction publique, lui
accorda une pension de 1,500 francs. Monteil daigna faire
partie, en 1837, comme membre honoraire, de la Société
des lettres, sciences et arts de l'Aveyron qui venait de se
fonder. L'Académie attribua cette même année à l'*Histoire des Français* une partie du prix Gobert. Le grand
écrivain, au cœur bon et sensible, aux goûts simples et
modestes, pour qui l'étude était une jouissance, quitta
la mansarde qu'il occupait à Passy, 1842, et se retira,
loin du bruit, loin des intrigants et des ambitieux, dans
une humble maison qu'il avait achetée près de son ancienne demeure, à Cély, où il se forma une nouvelle
famille dans la personne de ses petits-neveux, Solignac,
de Gaillac-d'Aveyron, les fils de sa nièce Salgues, fille de
sa sœur Joséphine. La publication de son *Histoire* fut
terminée en 1844 ; elle fut couronnée une seconde fois.

Monteil mourut le 20 février 1850. Il jouit après sa
mort d'une gloire bien méritée. On se propose de lui éri-
ger une statue à Rodez.

Monteil a publié d'autres ouvrages et a laissé grand
nombre de manuscrits, parmi lesquels nous citons une
autobiographie ou histoire de sa famille : *Mes éphémérides*, attachant récit publié dans le VIIIᵉ volume des
Mémoires de la Société. Nous venons d'y puiser nos
principaux renseignements.

En 1857, Jules Duval, dans la *Notice biographique
sur le baron de Gaujal*, parlant de la *Description du
département de l'Aveyron*, par Monteil, note en avoir
vu un exemplaire enrichi par l'auteur de corrections et
additions, qui donneraient du prix et de la nouveauté
à une seconde édition.

A la séance de la Société du 3 décembre 1857, Herbert, professeur de rhétorique au lycée de Rodez, offrit
pour le Musée une copie des premiers cahiers des *Notes
manuscrites de A.-A. Monteil*, destinées à orner une
nouvelle édition de la *Description de l'Aveyron*. Il avait
transcrit une copie de M. Charles Solignac, petit-neveu
et héritier des papiers de l'illustre historien. Dans un article, *Journal de l'Aveyron* du 9 décembre 1857, il s'ex-
primait ainsi : « Dans cet espoir (d'une réimpression),
A.-A. Monteil couvrait de notules les marges de son exemplaire interfolié, et copiait, au jour le jour, de sa main
élégante et ferme, les fragments de nos annales provin-
ciales, que lui offraient, à l'improviste, ses lectures si
diverses, ses immenses recherches, ses reconnaissances
hardies, ses courses aventureuses à travers l'immensité
des matériaux de l'histoire de France, depuis les gigan-
tesques in-folio des *Ordonnances du Louvre* jusqu'aux
légères follicules de la Fronde, jusqu'aux chansonnettes,
aux épigrammes, aux quatrains, aux distiques du dix-
huitième siècle, aux conversations quotidiennes. » Il
ajoutait : « M. Charles Solignac, petit-neveu et héritier
des propriétés littéraires d'A.-A. Monteil, a bien voulu me

donner communication de ce recueil si piquant, si instructif, si diversifié, qu'on devrait imprimer à la suite d'une nouvelle édition de la *Description*, etc. ».

Depuis, la Société est entrée en possession de l'original lui-même, par suite du legs de la bibliothèque de Jules Duval, où il s'est trouvé.

Les notes sont écrites généralement sur des feuillets blancs placés, par un relieur, entre les feuillets d'un exemplaire. Quelques-unes seulement le sont sur les marges elles-mêmes de cet exemplaire interfolié. On reconnaît dans la plupart la belle main de l'auteur. Mais certaines révèlent, sous la dictée, une autre main, celle de son neveu Charles, de son secrétaire et d'autres probablement. Des croix, placées ici et là et qui paraissent bien être de la main de Monteil, indiquent peut-être l'intention de retoucher quelques parties. Sauf ce qui regarde la ponctuation, le texte est publié tel qu'il est, avec son orthographe généralement. Les deux volumes sont demi-reliés, avec coins en basane, assez grossièrement. Au dos on lit : A. MONTEIL, *Le département de l'Aveiron*. La copie de M. C. Solignac devait laisser beaucoup à désirer, si l'on en juge par celle d'Herbert collationnée sur l'original.

Nous ne pensons pas que l'exemplaire de la *Description du Département de l'Aveiron*, échu à la Société, soit différent de celui dont avait parlé J. Duval, le futur acquéreur et donateur, ni qu'il existe aucun autre exemplaire semblablement annoté.

Dans le numéro du 25 août 1883 du *Bulletin d'Espalion*, Fontanié, avocat, qui publiait dans cette feuille des *Documents inédits sur Monteil*, émettait l'espoir que la Société rééditerait la *Description du département de l'Aveyron*, en y ajoutant des notes sur les changements intervenus.

A la séance de la Société du 29 juin 1884, M. Jules Bardoux , directeur d'imprimerie à Villefranche-de-Rouergue, offrit, au nom de son conseil d'administration, un exemplaire d'une seconde édition de la *Description du Département de l'Aveiron*. Des remerciements furent votés à M. Bardoux. M. le président exprima toutefois le regret que les nouveaux éditeurs n'eussent pas pensé, avant de rééditer cet ouvrage, à demander à la Société communication de l'exemplaire qui se trouve en sa possession et qui porte des annotations écrites de la main de l'auteur.

« Il serait curieux », avait déjà écrit Charles Lunet, rédacteur de l'*Aigle*, 2 avril 1857, « de mettre le tableau du Rouergue d'alors (de l'année où Monteil publia la *Description du département de l'Aveyron*) en présence d'une description non moins exacte de l'état actuel de notre département. Ce parallèle fournirait la mesure des progrès faits, des améliorations opérées, des industries introduites depuis, du développement donné à celles qui existaient déjà..... »

Les notes de Monteil, datant du déclin de sa vie, s'en ressentent assurément. Mais nous ne les croyons cependant pas indignes de l'impression, ni de nature à amoindrir l'opinion que l'on a pu se former du grand historien. Au contraire, ces bons airs de *papette* ont un charme inexprimable. Nous estimons du reste que la Société des lettres, sciences et arts de l'Aveyron, ne peut que désirer une édition de la *Description du département*, non seulement dans le sens indiqué par Jules Duval et Herbert, qui est en somme celui que nous suivons, mais dans celui qui est indiqué par Ch. Lunet et Fontanié, si elle n'aime mieux entreprendre, suivant la pensée de Monteil lui-même, un travail de refonte générale de l'ouvrage en rapport avec l'état actuel du département.

Louis MASSON.

ADDITION POSTHUME

A LA

DESCRIPTION

DU

DÉPARTEMENT DE L'AVEYRON

Par A.-A. MONTEIL

Iᵉʳ VOLUME

Feuillet épinglé au faux titre

Remanier la Description de l'Aveiron ;

N'en faire qu'un volume.

Le diviser en 1ʳᵉ, 2ᵉ, 3ᵉ promenades, sous forme de lettres adressées à Arthur Yunk, qui dans son voyage en 1783 dit qu'il dédaigna de parcourir le Rouergue.

Donner à sa physionomie la date du jour.

Feuillet épinglé à la fin de la *Préface*

RÉPERTOIRE DES ORDONNANCES DES ROIS DE FRANCE
POUR LES PREMIERS 13 VOLUMES.

ROUERGUE — AVEIRON

P. 200.

P. 177, t. VI.

P. 176, t. VI — t. VII, p. 164.

P. 170, t. VI.

P. 169, t. VI.

P. 161, t. V.

P. 155.

P. 154, 2 fois.

P. 150, 5 fois.

P. 149.

P. 147.

P. 146, 3 fois.
P. 145, 5 fois.
P. 144, 2 fois.
P. 143, 6 fois.
P. 142.
P. 81.

N. B. A toutes ces pages il est fait mention du Rouergue.

Montagnes d'Aubrac.

Auguste me dit qu'il n'y a pas de mamelons ou montagnes isolées; il dit que les montagnes ne sont que des portions de terrain.

Vacheries des Montagnes d'Aubrac.

N. B. Le fromage de Laguiole bien choisi est un des meilleurs fromages et d'un goût, d'une pâte supérieure au fromage de Hollande. Je n'ai jamais pu déterminer les propriétaires à en envoyer à Paris.

4 septembre 1840.

Mon neveu Auguste me dit dans ce moment que les prix ont bien changé, qu'on donne du louage de chaque vache ou 36 ou 60 livres de fromage et 8 livres de beurre.
Lorsque ce n'est pas une vache laitière, le maître de la vache donne 12 francs pour la nourriture de l'été.

14 mai 1840.

Le livre de Coutumes de Richebourg ont conservé les anciennes coutumes de la Haute-Auvergne. Mon autre neveu Charles Solignac-Monteil me rapporte l'article d'une sans doute beaucoup plus ancienne; la

Mon neveu Auguste m'assure qu'il n'y a pas de bruyères au milieu de la pelouse. Il n'a pas vu tout ce pays.

Bourgs des Montagnes d'Aubrac.

Mon cousin M. Mestre-Chaniès m'a dit que les montagnards de Lacalm avaient la peau si dure que l'un d'eux changeant une ruche lui montrait sa main couverte de mouches à miel en lui disant : « Voyez comme ce *petit bétail* travaille sur ma peau, mais je l'ai dure et *ce petitit bétail* ne peut me piquer. »

Il faut que je rapporte ici un fait qui n'est pas étranger à l'histoire des mauvaises passions.

On m'avertit dans le temps, il y a quarante ans, s'il n'y en a plus, que les avocats de la paroisse de Sainte-Geneviève et autres paroisses de nos montagnes m'en voulaient et ameutaient le peuple contre moi, au point qu'il ne serait pas prudent de voyager dans ce pays. On me dit que c'était pour cette page 20 (1) à laquelle je pourrais opposer la page 16 (2) et les suivantes, la page 26 (3) et les suivantes. Je dois ajouter qu'il n'y a pas longtemps qu'un de mes amis me dit que cette haine était passée déjà à la seconde génération. Je me suis demandé plusieurs fois pourquoi cette innocente page 20 avait attiré une si grande et si longue haine de ces braves avocats. Je n'en avais pas trouvé la raison jusqu'à ce soir que j'ai lu la page 28 (4) qui dit que les neiges et les glaces défendent l'entrée du pays aux hommes de loi. Cette page dont ils se sont bien gardé de parler les a points.

Ainsi aujourd'hui tel homme de lettres me dénigre pour mon système historique, qui intérieurement ne se plaint que contre la barbarie du style, contre l'obscurité, le vague, l'incohérence des titres de certains ouvrages.

A Passy, le 4 septembre 1840.

Montagnes d'Aubrac.

Entre Aubrac et Born il y a une mine d'argent qui avait été abandonnée et que le préfet a fait rouvrir.

---

(1) Réimpression, 13.
(2) *Id.*, 10.
(3) *Id.*, 17.
(4) *Id.*, 18.

M. Régis Rivié a vu le minerai de cette mine qui lui a paru fort riche.

Le hameau du Bru situé à une lieue au sud d'Aubrac a le singulier privilège de pouvoir obliger les habitans du village de Born de venir leur faire la trace à travers la neige pour aller audit village.

C'est M. Rivié père qui a rapporté ce fait à M. Régis Rivié, son fils, de qui je le tiens.

M. Vieilledent, qui a resté en qualité de prêtre succursal à Aubrac pendant trois ans, a dit à ce dernier, qu'il n'avait jamais vu dans ce pays ni puces ni punaises.

Asur, village du Rouergue. Il y a des mines de fer dans le voisinage. On portait autrefois la matière qu'on tirait de ces mines dans les bois d'Aubrac pour la fondre. Mais les mines d'Asur ont été entièrement négligées depuis près d'un siècle.... Expilly, cité dans le Dictionnaire de la France, par Hesseln, au mot *Asur*.

Les religieux de la maison d Aubrac portent sur leur habit (blanc, je crois l'avoir vu) une croix d'étoffe bleue et rouge. Ils donnent tous les jours l'aumône à certaine heure sans la refuser à personne. Les jours ouvrables cette aumône est d'une livre de pain pour chaque personne; les jours de dimanche et fêtes elle est d'une livre et un tiers (à remarquer que la livre n'est que de 13 onces).

Le revenu abbatial de cette maison est à peu près de 60,000 livres. Il est aujourd'hui réuni à l'Ecole royale militaire (Je suis sûr que ce n'était que pour la manse abbatiale. J'y ai vu des moines jusqu'à la Révolution). Autre extrait du Dictionnaire d'Hesseln, au mot *Aubrac*.

Saint-Geniez.

Saint-Geniez s'appelle aussi Saint-Geniez de Rive-d'Olt (du Lot). A ce sujet voici comment l'orthographe de ce nom a été estropiée dans les Mémoires de Madame de

Motteville, tome III, p. 58, de l'édition de 1723 : « M. de la Trimoille demande le comté de Roussillon, ou du moins les villes, places et châteaux, terres et seigneuries de Villefranche, Villeneuve, Perusse, Flayac, Le Muac, La Roque-Bolac, Marcillac, Cassenheu, Contrava, St-Antoine, Versueil, Compérie, Comboulas, Vasfen, Sauveterre, *Saint-Genest Deribedou*, et autres terres et seigneuries du comté de Rouergue lui seront rendues à cause du contrat de mariage de Frédéric d'Arragon et Anne de Savoie, ses trisaïeuls, en date du 11 février 1481. »

Toutefois nos petites villes ou bourgs ne sont pas plus maltraités que les grandes villes d'Allemagne et d'Angleterre.

Dans la collection des Ordonnances, édition du Louvre, on trouve des lettres du duc de Bourbon, lieutenant du Roi dans l'Occitanie, par lesquelles il établit des consuls à Saint-Geniez et règle leur juridiction.

Les lettres de 1345 sont confirmées par d'autres lettres de 1356. Voyez le IIIᵉ volume de la collection, p. 153.

M. Benoît, ancien député du Département, m'a dit qu'à l'incendie de la maison Plombat, durant les premiers troubles de la Révolution, périt ou disparut *lou Parlayre*, chronique patoise, manuscrite, très ancienne, mentionnant les événements et surtout les anciens usages.

Il m'a dit aussi qu'il existait au trésor de la mairie un livre de délibérations qui remontait au XIIᵉ siècle. Je conseille à la mairie de le faire serrer dans un coffret de fer, crainte de nouvelles incendies Plombat.

Dans les Mémoires des Intendans, abrégé par Boulainvilliers, on lit, t. II, p. 282 : « Le commerce des étoffes a enrichi plusieurs familles de Saint-Geniez. Ces étoffes, ces cadis, ces tiretaines, ainsi que les toiles passent en Italie. »

La population de St-Geniez y est portée à 3,600 âmes. D'où il suit que le commerce est plus ancien qu'il n'a été dit à la page 31 (1).

Espalion. — Roquelaure.

Roquelaure, petite ville du comté de Rouergue, à cinq ou six lieues de Rodez; on y compte environ 1,800 habitants. Dictionnaire de la France, par Hesseln. Paris. Desains, 1771.

Estaing.

Voyez dans le Trésor des histoires admirables et mémorables de notre temps par Simon Goulart Senlesien, tome IV, p. 630, le fameux duel qui eut lieu vers la fin du XVIe siècle, près d'Estaing, entre deux Auvergnas, les barons de Cysterne et de Feyry et deux Rouergas, Monmoutou et Benac. Trois d'entre eux restèrent sur la place.

Vallons du Dourdou.

Les riches bourgeoises portaient ce chapeau bordé d'un galon d'or. Feu ma tante en a toujours porté un, excepté pendant le temps de la Terreur.

M. Régis Rivié, mon beau-frère, m'a dit que depuis peu on n'en portait plus et qu'on l'avait remplacé par un beau chapeau de paille à la glaneuse. Il croit que madame Gibelin du village de la Guiraldie, près Saint-Saturnin, est la dernière qui en ait porté.

Mon élève Roques me dit qu'aujourd'hui les chapeaux de feutre ont disparu dans le Rouergue et l'Auvergne, à l'exception des montagnes du Cantal; j'ai dit quelque part, dans cet ouvrage, que les chapeaux de feutre à forme plate commençaient à l'Albigeois et finissaient à la Limagne; on voit que cette antique mode s'est encore restreinte.

____

(1) Réimpression, 20.

Valady. — Panat.

A la page 417 du tome XII des Ordonnances du Louvre, on trouve des lettres de Philippe le-Long, relatives au pariage de la seigneurie de Panat entre le Roi et divers co-seigneurs. Cette pièce offre plusieurs détails curieux:

Aubin. — Auzits.

Ordonnances des rois de France, dites du Louvre. Tome II, pp. 525, 527 et 528.

« *Ausicium castrum* en 1353. Les habitans de ce lieu dans la sénéchaussée de Rodès obtinrent du roi moyennant une finance de cent cinquante deniers à l'escu le droit d'avoir un corps de ville, un consulat, un trésor commun et un sceau ; et il fut réglé que tous les ans le jour de St-Michel les habitans s'assembleraient dans l'église où l'on élirait huit prud'hommes qui éliraient quatre consuls et quatre conseillers, sans lesquels les consuls ne pourraient décider aucune affaire... etc. » Voyez le reste dans le livre cité, qui continue ainsi : « On croit qu'*Ausitium castrum* est Is, situé à une lieue de Rodès... etc. » On se trompe, c'est Auzits, chef-lieu de canton de l'ancien district d'Aubin où, à l'âge de vingt-trois ans, j'ai été secrétaire général du district.

Aubin. — Decazeville (1).

« L'usine de Decazeville est établie au centre du riche terrain houiller d'Aubin, dont l'étendue superficielle est

---

(1) Ce qui est inséré sous cette rubrique n'est pas dans le manuscrit. On peut se demander comment Monteil qui avait été secrétaire général du district d'Aubin, dont la femme reposait au cimetière de cette localité, etc., n'a rien écrit sur les nouvelles et déjà renommées industries de la contrée. Peut-être se réservait-il de faire soigneusement la topographie des lieux. Ne connaissant précisément rien de lui, quoique ayant cependant un vague souvenir d'avoir lu quelque chose à ce sujet, nous croyons devoir combler une lacune en donnant la *Notice descriptive de l'usine de Decazeville et de ses environs*, extraite d'un ouvrage qui doit être assez rare : *Examen analytique de*

2

évaluée à 40 kilomètres carrés. Elle se compose de deux établissements : de celui de Decazeville proprement dit, siège principal de l'exploitation, et de celui de la Foresie. Ce dernier comprend trois hauts-fourneaux en roulement, trois feux d'affinerie, une fonderie, fours à coak, etc. Le premier comprend six hauts-fourneaux contigus, au-devant desquels est placée une vaste fonderie. A quelques toises de distance on voit la maison de deux machines soufflantes, et de deux machines à vapeur qui les mettent en mouvement, d'une force de cent soixante chevaux ; un peu plus loin, trois feux d'affinerie, et le grand bâti-ment de la forge, qui renferme vingt-cinq fours à pudler et à réchauffer, les marteaux, les laminoirs pudleurs et étireurs, les laminoirs à tôles, les fenderies, cisailles, tours, etc., et les machines à vapeur de la force de cent vingt chevaux qui impriment le mouvement à tous ces appareils. La maison de l'administration, les casernes d'ouvriers et la maison de direction complètent l'en-semble des principaux bâtimens qui constituent l'usine. Le service des machines est assuré au moyen de plusieurs réservoirs dont le principal, se prolongeant dans toute la longueur de la forge, des feux d'affinerie et de la fon-derie, contient 58 mille mètres cubes d'eau.

» La situation de la rivière du Lot, dont l'établissement n'est séparé que par la distance d'une lieue, est éminem-ment favorable, et pourrait le devenir plus encore, si la navigation était rendue aussi facile à l'époque des basses eaux que dans les autres saisons de l'année. Le terrain qui compose la concession est très resserré dans sa partie septentrionale, mais il se développe vers le sud, où il

---

l'usine de Decazeville, département de l'Aveyron, par M. Pillet-Will. A Paris, 1832. Vol. in-4º. Nous sommes, avec cet auteur, aux premières années de la fondation de Decazeville, assez éloi-gnés encore de l'année 1840, où Monteil rédigeait ses Notes addi-tionnelles. — L. M.

acquiért une plus grande largeur. Sa structure intérieure, examinée jusqu'à la profondeur où les fouilles ont
été faites, présente les plus grandes analogies avec la
structure des terrains de même genre situés dans d'autres contrées. On y retrouve les poudingues produits par
l'agglomération des fragmens de roches primitives, bri-
sés, dispersés et cimentés de nouveau par des causes in-
connues ; les grès formés aussi de débris primitifs mais
réduits en grains plus ou moins ténus ; les schistes argi-
leux dans leurs diverses variétés, et enfin la houille et le
minerai de fer.

» On pourrait supposer que ce terrain a été formé au
fond d'un lac ; les montagnes qui l'entourent dans toutes
les directions en auraient été les rives ; les poudingues,
les grès, les schistes, se seraient déposés successivement
et sans ordre sur le fond du bassin. Les végétaux inter-
posés et ensuite convertis en houille se seraient arrangés
en couches parallèles aux premières, et l'on conçoit que le
minerai de fer se serait aussi placé de la même manière.
Toutes ces couches, qui d'abord étaient plus ou moins
continues et d'une épaisseur ou d'une puissance variable,
présentent aujourd'hui des fentes, des inclinaisons brus-
ques, et de vastes soulèvemens qui prouvent d'une manière assez évidente que, postérieurement à leur formation, elles ont été bouleversées jusqu'à une grande profondeur par d'immenses efforts souterrains. La surface
du sol semble porter elle-même l'empreinte de ces boule-
versemens intérieurs, car une foule de monticules à pente
rapide se groupent autour de Decazeville en formant de
petites vallées qui se dirigent principalement de l'est à
l'ouest. D'un point de vue élevé, ce sol, si singulière-
ment contourné, ressemble en quelque sorte à une matière en ébullition, qui aurait été subitement solidifiée.
Le fond des vallées n'est pas sans culture ; il est recou-
vert d'un assez riche terrain d'alluvion, produit sans

doute par les débris des coteaux voisins que les pluies ont
entraînés ; mais en général, sur le revers des montagnes
où la maigreur du sol offre peu de ressources, les travaux
d'agriculture sont très négligés. Les coteaux situés au
midi présentent quelques vignes produisant un vin de-
médiocre qualité ; ceux du nord sont couverts de châtai-
gniers. Les habitations sont peu nombreuses, et par
conséquent placées à de grandes distances les unes des
autres. Elles offrent plus ou moins l'image de la pau-
vreté : rien n'y est prévu pour les commodités les plus
ordinaires de la vie. Les chemins qui y conduisent sont
pour la plupart dans un état de détérioration telle que
l'accès en est fort difficile. Tout contribue à donner au
pays une physionomie agreste, et cependant on aperçoit
déjà les grands changemens qu'une industrie nouvelle
a commencé à produire et qu'elle ne tardera pas à réa-
liser complètement. Le travail qu'elle procure, l'argent
qu'elle répand, les communications qu'elle ouvre ou dont
elle est l'occasion, changent les habitudes et fournissent
chaque jour aux habitans de ces contrées le besoin et les
ressources d'une meilleure existence. Ces heureux effets,
devenus déjà sensibles aux yeux des plus ignorans,
triomphent peu à peu des préventions qui s'étaient éle-
vées dans le principe contre un établissement dont on ne
comprenait pas la salutaire influence. Des préjugés qu'il
est quelquefois difficile de détruire, font place de jour en
jour à un intérêt réel et mieux entendu : on souhaite le
succès d'une exploitation qui doit procurer de si grands
avantages à ce pays, où la nature avait placé tant d'élé-
mens de prospérité sous les mains d'une population qui,
dans son isolement, ne pouvait en tirer aucun parti.
L'administration éclairée du département seconde ce
progrès des esprits ; on peut attendre d'elle, dans les
limites de ses ressources, tout ce qu'il lui sera possible
de faire, soit pour améliorer les routes actuelles, soit

pour en ouvrir de nouvelles là où l'utilité en paraît manifeste. Elle comprend que l'un des meilleurs moyens de produire la richesse dans un pays et de là répandre parmi tous les habitans, c'est d'y multiplier les voies de communication et de les rendre faciles. Elle comprend que les sources de prospérité des usines de Decazeville deviendront aussi, en s'agrandissant par les établissemens secondaires qui pourront se former autour d'elles, des sources de prospérité pour les contrées voisines, et que si le département de l'Aveyron est encore aujourd'hui, sous certains rapports, un des moins favorisés, il ne tardera pas à s'élever par l'industrie au rang des plus riches et des plus florissans de la France. »

Asprières (prenait autrefois le titre de ville).

Eh ! pourquoi ne l'aurait elle pas pris ! Quatre rois et un comte le lui avaient donné. Voyez le tome V des Ordonnances du Louvre, où se trouvent les lettres d'exemption d'impôt accordées par Raymond VI, comte de Toulouse, au prieuré et à la ville *de Asprerüs*. Charles V adresse ces lettres, par lui confirmées, aux sénéchaux de Toulouse et du Rouergue. Mais, ô fortune ennemie ! voilà que dom Vaissete, volumineux auteur de l'Histoire générale du Languedoc, écrit aux compilateurs de ce Vᵉ tome des Ordonnances qu'il *ne connoissait aucun lieu dans les sénéchaussées de Thoulouse et du Rouergue dont le nom eût rapport avec celui d'Asprérüs.*

Voyez les Ordonnances du Louvre, t. V, pp. 307 et 308.

Peyrusse.

Peyrusse fut au XIVᵉ siècle le chef-lieu d'une chatellenie et d'un bailliage. On en voit les preuves dans les trois chartes accordées en 1371 à cette ville par Charles V.

Ordonnances du Louvre, t. V, pp. 702 et suivantes.

Dictionnaire de la France, par Hesseln, au mot *Pey-*

russe : « ...Le cimetière de l'ancienne église, hors de la ville, est rempli de mausolées anciens ; sur l'un de ces mausolées on remarque une mitre, une crosse et les armes de Médicis. On voit par d'anciens actes que le premier consul de Peyrusse porta longtemps ce nom, d'où l'on prétend conclure que les grands-ducs de Toscane étaient originaires de cette ville. Elle a aujourd'hui un maire et trois consuls....... Le maire est juge civil et criminel, les sentences vont au parlement pour le criminel, et au sénéchal pour le civil. Le château est au Roi...... Près de l'ancienne église est un rocher..., un ancien temple où les païens sacrifiaient ; on le nomme aujourd'hui la Synagogue. Même paroisse, autre église appelée Gaillac où il y a aussi des tombeaux fort anciens. »

Villeneuve.

En 1371 Villeneuve obtint de Charles V des privilèges qu'on trouve au tome V, pp. 394 et 395 des Ordonnances du Louvre.

Saint-Antonin.

Les privilèges accordés à Saint-Antonin par Charles V au mois d'Avril 1370, en 21 articles, offrent des faits historiques très intéressans.

On trouve ces privilèges dans les Ordonnances du Louvre, t. VI, pp. 499 et suivantes.

(...pendus aux arbres de leurs jardins).

Voilà ce que dit, je crois, feu M. Bosc, auteur de l'Histoire du Rouergue. Toutefois on lit dans l'Histoire des Huguenots *faicte sous le roy Louis XIII*, Paris, 1634, un vol. in-4°, p. 152, que les habitans de cette ville obtinrent la vie sauve, à condition de livrer douze d'entre eux au choix du prince de Condé. Sur ces douze, onze furent pendus ; le douzième racheta sa vie en se faisant catholique et en donnant dix mille écus pour fonder un couvent. L'auteur de ce livre dit encore en parlant de ce siège : «....... Durant cette attaque le roy pointait lui-même une batterie qui voyait dans la corne.......»

La ville, ajoute-t-il, fut rasée, le château fut conservé et le gouvernement en fut donné au maréchal de Thémines.

Ce livre renferme un grand plan de Saint-Antonin dont les fortifications sont assez régulières.

Najac.

Les habitans de Najac furent les premiers de toute la Guienne qui secouèrent le joug des Anglais.

Voyez au t. V des Ordonnances du Louvre les lettres du mois d'avril 1370 que leur donna Charles V.

Voyez aussi pp. 692 et suivantes *ibidem*.

On y lit les lettres de Charles V du mois d'Avril 1370, portant établissement d'une viguerie à Najac.

Villefranche.

T. XII, p. 480 de la collection des Ordonnances du Louvre, on trouve une très longue et très curieuse charte relative aux coutumes de Villefranche au XIIIe siècle.

Cette charte donnée par Alphonse, comte de Poitiers, fut confirmée par Charles le Bel au mois de février 1323.

Villefranche, capitale de la Basse-Marche du Rouergue et la plus peuplée de la province.

Chapitre, un prévôt, un sacristin, 12 chanoines, 100 livres de rentes.

Cordeliers, Dominicains, Capucins, Doctrinaires, Chartreux...

Mines de cuivre.

Registres de cette ville mentionnent des mines d'argent.

Commerce toiles, pommes et porcs. Vente des toiles de chanvre, 150,000 francs tous les ans.

« Villefranche a deux beaux privilèges qu'elle a obte-

nus du roi Charles V. Le premier est de ne pouvoir
jamais être désunie de la Couronne, et l'autre d'avoir le
siège de la justice de la prov'nce....... Najac est
connu par son vitriol ; Saint-Antonin, par ses bonnes
prunes. » La France, par Duval, tome I, pp. 214 et 215,
édit. de 1682.

Dans la collection des Ordonnances du Louvre, t. V;
pp. 698 et suiv., on trouve les privilèges accordés à
Villefranche par le duc d'Anjou au mois de mai 1369,
confirmés par son frère le roi Charles V au mois de
juin 1370.

. . . .

Article 3. Etablissement du siège d'une sénéchaussée.
Article 4. Les consuls juges civils et criminels.
Article 5. « Quod consules possint... habere in dicta
villa servientes, qui baculos consuetos cum armis do-
mini nostri regis et villæ prœdictæ depictos valeant
deportare. »

T. XII, *ibid.*

Autre ordonnance de Philippe le Bel du 20 février 1323,
sur les usages et la législation municipale de cette ville.

Villefranche fut érigée en un comté composé de la
ville et de son territoire, de Villeneuve, Peyrusse, Riou-
peiroux, La Salvetat, Montrossis, La Roque Bouilhac,
Petrassac, Esteignac, Marcillac, Cassaignes Contou, en
faveur de Frédéric d'Aragon, prince de Tarente et de sa
fille Charlotte, petite nièce de Louis XI, par lettres du
mois d'août 1480.

Tome XVIII des Ordonnances des rois de France.

A la fin du XVIIe siècle la population était
<pre>
    à Villefranche de 6,000 âmes,
    à Rodès   de 6,000,
    à Millau   de 3,000.
</pre>
Abrégé des Mémoires des Intendans, t. II, p. 280.

Charles le Sage, par ses lettres du mois de juin 1370, permit aux *Consulat* et *Université de Villefranche de faire des criées et proclamations* sans demander la permission au sénéchal du Rouergue.

Ordonnances du Louvre, tome V, p. 309.

N. B. Par *Université* il faut entendre *Commune*, *Communauté*.

De la comté-pairie de Villefranche de Rouergue, érigée l'an 1480, Histoire généalogique du père Simplicien, tome III, p. 436.

D'Audiguier, sieur de La Ménor, terre près de Villefranche. Il a un long article dans le Dictionnaire historique de Chaudon et Landines. Saurel dans sa Bibliothèque donne la liste de ses ouvrages, entre autres, de l'usage des Duels, année 1617, volume in-8º.

Voyez la 62ᵉ lettre de Guy-Patin où il recommande un Seguy de Villefranche en Rouergue « qu'il connaît depuis 16 ans et qui a toujours étudié la plus pure médecine. »

Rodez.

Lettres de Villeroi, lettre 20º. « Ceux de Rhodès ont écrit et fait plainte (au Roi) de cette citadelle que l'on a dit qu'il fallait faire à ladite ville, remonstrant leur fidélité... »

Bibliothèque historique de Lelong, édit. de Fontette, livre V, p. 37, article 45, 602.

« Ms. Mémoire touchant l'établissement des Jeux floraux à Rodez, en 1675, par Jean Tullier, trésorier de France de Montauban.

» Ce mémoire était à Paris dans le cabinet de feu M. l'abbé Bosquillon. L'établissement en question n'a pas eu de suite. »

Rodez fut pris par Louis XI, encore dauphin, en 1443. Voyez, sur cette année, Duclos, Histoire de Louis XI, t. Iᵉʳ.

A la page 255, tome V des Ordonnances du Louvre, on lit les lettres de Charles V de février 1369, où le sénéchal de Toulouse reconnaît que les habitans de Rodès ont les premiers interjeté appel de l'autorité du prince de Galles et ont fait tous leurs efforts pour soustraire le Rouergue à la domination anglaise.

Ibid., p. 257.

Lettres de la même date accordées par Charles V aux habitans de Rodès, portant qu'ils pourront commercer dans tout le royaume sans payer aucun droit pour leurs marchandises.

Même page. Autres lettres du mois de février 1369. Les habitans de Rodès ne payeront les tailles que lorsqu'ils les auront consenties.

P. 258. Autres lettres du mois de février 1369. Ou y voit que les tailles étaient réelles.

P. 259, *ibid.*

Privilèges accordés aux consuls de Rodès par les lettres de février 1369.

P. 411, *ibid.*

Autres privilèges donnés par lettres de Charles V, datées de Paris au mois de juin 1371.

Il faut lire dans Froissart, IVᵉ volume, chap. 25, quelle était la puissance de ces comtes d'Armagnac, dont l'un d'eux, Jean, mort, en 1391, au siège d'Alexandrie en Italie, fut enterré à l'église cathédrale de Rodais. C'est ainsi que Froissart écrit ce mot.

Dom Vaissete, t. IV de l'Histoire du Languedoc, Preuves, colonnes 451 et suivantes, rapporte deux lettres de Louis XI, encore dauphin, relatives à la guerre que se faisaient les comtes d'Armagnac et de Comminges. Elles sont datées de Rodès le 29 octobre 1439.

« Loys de Balsac, natif de Rodès en Rouergue, disciple

de Jean Dorat, a escrit quelques poésies françoisés qui sont meslées parmy trois livres, en vers latins, qu'il a fait imprimer à Paris, 8°, par Guillaume Julian, 1578. » Bibliothèque de Vauprivas, t. II.

Vigouroux est assurément un nom de Rouergue ; mais y a-t-il eu à Rodès une famille noble de ce nom, au commencement du XVIII° siècle ? je l'ignore. J'ignore si Lacolonie, maréchal de camp au service de Bavière, natif du Périgord, n'a pas confondu la capitale de la province elle-même quand il a dit, pp. 71 et suivantes, t. I de ses Mémoires, Francfort, Nicole, 1730, que le sieur de Vigouroux, de Rodès, connu dans l'armée de Flandre, en 1695, par ses manières originales, gasconnes et spirituelles, se trouvant tout émerveillé de sa bravoure dans une sortie au siège de Namur que les Français défendaient, pria instamment le général maréchal de Boufflers de l'employer dans les actions les plus périlleuses, à quoi le maréchal répondit : « Eh ! bien, allez défendre le fort Guillaume que les ennemis ne vont pas manquer d'attaquer, » à quoi Vigouroux répliqua : « Oh ! vous emprisonneriez là ce que je puis faire, mais donnez-moi un corps à commander en plate campagne. Lâchez la bride à ma valeur. » Fanfaronnade qui devint proverbe.

Lacolonie, p. 75, *ibid.*, rapporte aussi que ce même Vigouroux, qui était capitaine de dragons, prit en bon ou mauvais lieu une maladie à laquelle les capitaines sont exposés aussi bien que les soldats, et que, montant en chaise pour aller se faire guérir à Aix-la-Chapelle, une marchande, à qui il devait, lui présenta son compte qu'il souscrivit de ces mots : « Si je meurs, je le passe ; si je vis, à revoir. » Cette autre spirituelle gasconnade courut de même dans nos camps.

(Le clocher... a cent cinquante pieds [éd. originale], *lisez* : deux cent cinquante pieds).

Dans ce mois de décembre 1831, le roi Louis-Philippe Ier a dit à mon ami M. Vergnes, intendant militaire, député du département à la Chambre élective, qui était allé aux Tuileries, à une soirée de la cour : « Monsieur..., je vous connais fort bien ; vous êtes de Rodez, Monsieur ! *Roudo qué roudoras qu'a Roudez tournoras.* »

Et où le roi avait il appris cet antique dicton rouergas ? En Sicile. Et qui le lui avait appris ? Le père Boutonnet.

Le père Boutonnet, capucin de Rodez, avait été, par l'explosion de la Révolution, jeté du couvent de Rodez dans l'île de Sicile, où il fut, de préférence à tous les capucins siciliens, confesseur de la princesse Amélie, aujourd'hui notre reine. Il y connut le duc d'Orléans, aujourd'hui notre roi, que la même explosion avait jeté par dessus les mers en Amérique, d'où il était allé à la cour de Palerme.

(Ce grand nombre d'établissemens de magistrature et d'église rembrunissait la face..., *lisez :* Tant de couleur noire rembrunissait la face...).

(...avait ses alliés, ses neutres, *et le reste.*)

Fidelis Deo et Regi était l'antique devise de la ville.

On n'appelait Madame que les femmes des nobles et des conseillers au Présidial. Mon extrait baptistaire porte : « Fils de M. Monteil, avocat, et de Mademoiselle Mazet, son épouse. »

(... les fetes nationales, les sans culotides, *et le reste.*)

In comitatu Rodez *pessimi sunt. Nobilitas ibi latrocinatur, nec possunt reprimi, ut nec Bandoulierii des Pyrénées.*

Rhodes *est urbs in Gallia quæ vocatur.* Rhodes *est regis patrimonium. Ibi sunt nequissimi. Oportet ibi semper 200 helvetios esse, qui illos in officio conti-*

neant. Est aussi bonne que Limoges ou une autre ville de France.

Scaligeriana, éd. de 1669, p. 281.

On sait que le pédant l'Escale, qui avait latinisé son nom, était un fougueux religionnaire qui détestait tout ce qui était catholique.

On sait que les habitants de Rodez étaient fort attachés à la religion de leurs ancêtres. *Inde ira, inde injuriæ, sed falsissimæ et platissimæ,* pour parler comme Scaliger.

Rhodès. « La ville de Rhodès a plusieurs faubourgs. Elle est ceinte de murailles, accompagnées de remparts sur lesquels on peut encore faire le tour de la ville, quoique l'on ait déjà commencé à les couper pour y construire des terrasses, ou pour y bâtir. L'aspect de la ville n'a rien d'agréable et les rues n'y sont ni belles ni proprement entretenues ; il y a deux belles places fort vastes et assez régulières.

» On y compte environ 11,000 habitants.

» L'édit de 1765, relativement à la nouvelle formation des corps municipaux, a apporté un grand changement dans celui de Rhodès et dans la police de cette ville. Ci-devant ce corps était composé d'un maire, représenté par M. le juge-mage et 4 consuls, deux pour chaque communauté que la ville nommait tous les ans. Ceux de Cité prêtaient serment entre les mains de l'évêque comme seigneur de cette justice de la ville ; ceux de Bourg entre les mains du Roi. Aujourd'hui il y a litige entre le sénéchal, l'évêque et les officiers municipaux, pour la préséance.

» Ce diocèse renferme environ 500 paroisses divisées en 4 archidiaconés ; il vaut 40,000 livres au prélat qui est à la tête. Il est seigneur de la Cité et prend le titre de comte de Rhodès ; la taxe pour la cour de Rome est de 2,326 florins.

» L'église cathédrale est sous l'invocation de Notre-Dame. Son chapitre est composé de 4 archidiacres qui sont dignitaires et en même temps chanoines ; d'un chantre, d'un sacristain et d'un œuvrier qui sont aussi chanoines et dont les places ne sont que des personnats, et de 17 autres chanoines.

» Le bas chœur est composé de 4 hebdomadiers, 25 vicaires, 27 choristes, 34 chapelains et un maître de musique. Les quatre archidiaconés, et les trois personnats sont à la nomination de l'évêque, qui est obligé de choisir un chanoine de *Gienno*. Tous les autres canonicats, simples bénéfices, sont à la nomination de l'évêque alternativement et du chanoine en semaine. Les archidiacres ont environ 6,000 livres de revenu. Les trois personnats valent 3 à 4,000 francs et les canonicats 100 louis.

» Les quatre chanoines chapiers qui officient les jours canoniaux portent la mitre.

» La Cathédrale forme un très beau vaisseau ; on admire surtout son clocher, bâti de belles pierres de taille, qui passe pour le plus beau et le mieux travaillé de la France. On garde dans son trésor un des souliers de la Vierge et la couronne des comtes de Rhodès.

» Dans la ville il y a 4 paroisses : une à la Cathédrale sous l'invocation de la Vierge ; l'autre est dédiée à Saint-Amans : c'est aussi le titre d'un prieuré simple à la nomination du roy ; la troisième est sous l'invocation de Sainte-Madelaine, et la quatrième est un prieuré-cure de Sainte-Catherine, dont l'office curial se fait dans une chapelle de l'église de Saint-Amans. Il y a une autre paroisse, sous l'invocation de Saint-Sernin, dans le faubourg du Monastère.

» Les *Annonciades* ont un scapulaire rouge et un cordon bleu en sautoir, au bout duquel est une médaille.

» L'abbesse du Monastère est de nomination royale.

» Le séminaire est dirigé par les Lazaristes depuis la

fin de 1767, et le collège est dirigé par des séculiers, sous l'inspection d'un bureau, depuis la dissolution de la société des Jésuites qui le régentaient.

» On cultive dans l'élection de Rhodès des mûriers blancs pour la nourriture des vers à soie. On y élève beaucoup de mules et de mulets, qui font un objet considérable de commerce pour cette partie de la province. On croit qu'à la seule foire de la Mi-Carême la vente des mules et mulets rapporte jusqu'à 200,000 écus. On en vend encore beaucoup à d'autres foires, dont les principales sont à la Saint-Jean ou Saint-Pierre, à Notre-Dame de septembre, et à la Saint-André au mois de novembre. Ce sont surtout les Espagnols qui font valoir le commerce des mulets.

» Il s'en fait dans cette élection un autre assez considérable de toiles grises, de serges, de cadis, de tiretaine qui se débitent dans le Languedoc et passent même en Italie...

» La ville de Rhodès est divisée en Cité et en Bourg ; l'évêque est seigneur de la Cité, et le Bourg est au Roi comme comte de Rhodès. La fidélité de cette ville pour le Roy et pour la religion lui ont valu la devise : *Fidelis Deo et Regi.* »

La Mouline.

Je possède un compte original sur parchemin de l'année 1469 dans lequel on lit.

Grotte de Solsac.

On lit dans le Dictionnaire de la France, par Hesseln. Article *Marseille.* « La grotte ou baume de Roland... Son entrée est pénible, etc. »

Ce serait une recherche assez curieuse à faire que celle sur les noms des grottes. En voilà deux qui portent celui de Roland.

Grandes fermes du Département.

Même dans les petites maisons bourgeoises de la campagne les filles de la maison ne mangent pas avec les hommes. Les plus jeunes servent. La mère et l'épouse prennent leurs repas au coin du feu. Toutes, au lieu de table, placent leur écuelle dans leur main gauche qui prend dans cette position la forme d'un cul de lampe.

Je tiens cette observation de M. Régis Rivié, mon beau-frère.

Dans les fêtes et repas d'apparat les femmes mariées prennent rang à table.

Id.

(Habillement des hommes de la campagne.)

Plusieurs d'entre eux portent une plume de paon autour de leur chapeau.

Sévérac.

Au tome XII de la collection des Ordonnances du Louvre, p. 503, on trouve des lettres de Philippe de Valois, du mois de mars 1327, relatives à la confirmation du consulat et des privilèges accordés aux habitans de Saint-Saturnin.

En 1444 siège de Sévérac fait par Louis XI encore dauphin. Archives du Domaine de Montpellier et Histoire chr. citées par dom Vaissete dans son Histoire du Languedoc, t. V, p. 5.

. Traité entre le duc d'Anjou, frère de Charles V, et *Dominum Guidonum* dominum *de Seveyraco.* Les terres de ce seigneur ressortiront *sine medio* à la sénéchaussée de Toulouse, à Toulouse, avril 1369 ; confirmé par lettres de Charles V, octobre 1369.

Rivière de l'Aveyron.

(Elle naît.)

Une source ne naît point, mais bien un ruisseau, une rivière naissent.

Extrait du Dictionnaire de la France, par Hesseln, déjà cité.

« Aeirou ou Aveyrou, rivière considérable du Rouergue : elle tire sa source d'une fontaine que les habitans du pays nomment Veirou et qui se trouve dans la terre de Sévérac. Le cours de cette rivière est d'environ 48 lieues ; elle n'est navigable que depuis Nègrepelisse à neuf ou dix lieues de son embouchure.,. Le cours de l'Aveyron est rapide, il déborde souvent, et on dit proverbialement et en idiome du pays :

> Qui passa lo Lot, lo Tarn et l'Aveirou
> N'es pas segur de torna en sa meisou.

J'ajoute moi que l'orthographe de l'Aveyron avec un y grec est très moderne. Tous les anciens livres, monumens ou actes que j'ai lus, s'ils sont antérieurs au xviiime siècle, orthographient *Aveirou.*

Ce mot d'Aveirou est devenu depuis la Révolution en passant par les bouches parisiennes *Aveyron.*

(...Sources qui viennent des environs s'étant réunies à lui.)

Lui ne se dit que des personnes.

Briques antiques.

Ce briquetage, qui peut être comparé à celui de Marshal, s'étend sur les deux rives depuis Soulages jusqu'à Laissac. Les antiques bâtiments formés de ces briques ont depuis longtemps disparu de la surface de la terre, mais, en la creusant dans plusieurs endroits, on découvre des fondations parfaitement conservées.

C'est ce que me dit mon neveu Auguste, 12 novembre 1840.

Laissac. — Vimenet.

Feu mon   était grand ami de M. l'abbé Corrège, prieur-curé de Vimenet, village situé au pied de la verdoyante montagne de La Vaïsse, dont il forme le cadre inférieur. Par cela seul ce village m'intéressait. Il m'intéressa encore bien davantage quand un franc paysan qui en était natif, me parla avec une franchise qui me surprit. « Monsieur, me dit-il, vous voulez tout savoir. Hé ! bien, vous saurez tout, même nos secrets, nos secrets de village s'entend. Nous labourons avec des ânes, et quand un âne de l'attelage vient à manquer, notre bon père en cheveux gris le remplace. » Je suivis un de ces attelages.

Laissac.

Mon neveu Auguste me dit qu'au moment présent, la principale industrie des habitans est la fabrication des chapeaux de paille, principalement pour femmes. Ces chapeaux ont une passe. Ceux des hommes sont à ailes rondes,

Prix de ceux des femmes 1 fr. 5 sous.

Prix de ceux des hommes garnis d'un large ruban 3 fr., non garnis 35 sous.

Dans ce pays les cochons sont conduits au pâturage avec les vaches et ils se nourrissent entièrement d'herbe hors la maison, tout comme si leurs dents n'étaient pas celles des frugivores et même des carnivores. Les porchers sont des bergers.

Renseignements fournis par mon neveu Auguste le 14 mai 1840.

Sainte-Radegonde

Si l'histoire n'était que le récit d'événements politiques

ou militaires, le petit village de Sainte-Radegonde aurait aussi la sienne, mais elle serait contenue dans une page, et elle ne comprendrait qu'un jour ; on pourrait en trouver tous les documens dans un passage de la Gazette de France de 1643 que M. Jules Rozier, le jeune ami de l'auteur, a extrait et rapporté ici : « Le 10 (août 1643) les habitans de la paroisse de Sainte-Radegonde, à demi-lieue de Rodez, s'estant mis en armes contre quelques sergens qui y faisaient leur charge pour quelque affaire particulière, et ayant fait sonner le tocsin, les paroisses voisines y accoururent aussi en armes jusqu'au nombre de 3 ou 400 hommes ; d'où ils s'avancèrent jusques au haut de la montagne, et au-dessus du Monastère, proche la ville de Rodez, où, estant rangés en deux bataillons, ils tirèrent plusieurs mousquetades : ce qui obligea le comte de Nouailles à sortir de ladite ville pour reconnoistre et chasser lesdits croquans, lesquels se retirèrent dès qu'ils le virent sortir de la ville...» Gazette de France, n° 132. Rébellion des croquans du Rouergue.

Ceignac. — Notre-Dame de l'Enne.

M. Régis Rivié, mon beau-frère, m'a raconté qu'à N.-D. de l'Enne, lieu presque aussi célèbre que N.-D. de Ceignac, il ne se passait jamais de fête sans bataille de processions.

Entre autres, la procession des pénitens noirs de Saint-Geniez ayant voulu forcer le village de Saint-Martin avec qui ils s'étaient pris de querelle, un pénitent, ancien grenadier, qui avait échappé sain et sauf à vingt batailles, y eut un œil crevé. Depuis les pénitens ne sont plus retournés à l'Enne.

Une autrefois la procession de Palmas se faisait précéder par une grande et superbe bannière neuve qui excitait la jalousie de toutes les paroisses où elle passait.

A Vimenet, peuplé de tapageurs de cabaret, cette bannière fut déchirée. Il est d'usage que, quand une procession traverse un village, le curé de la paroisse qui est en procession et le curé du village où elle passe s'embrassent et font embrasser les bannières et les croix. Celui qui portait la bannière de Vimenet cacha sous la frange de sa bannière un couteau, en sorte que lorsque les bannières s'embrassèrent celle de Palmas fut bientôt mise en rubans. A cet aspect les rangs de la procession voyageant et de la procession recevant furent bientôt dérangés, et tout le monde, hormis les deux curés, en vint aux injures et aux mains. Depuis ce temps, depuis la défaite de la procession de Palmas, les habitans du village ne sont plus retournés en corps de paroisse à N.-D. de l'Enne.

Bonnecombe.

J'ai en ma possession un acte de 1276, portant transaction entre Hugues, comte de Rodez et Berengère, veuve de Pelil, où l'abbé de Bonnecombe, un des témoins, prend le titre d'*abbé par la grâce de Dieu*, *Astrugo Dei gratia abbate Bonecumbe*. Depuis, la puissance du clergé n'a pas été en croissant.

Sauveterre.

Voici le sommaire des privilèges accordés aux habitans de Sauveterre par Charles V au mois d'avril 1370 (1).

1. Confirmation des privilèges de la ville de Sauveterre.

2. Les habitans pourront bâtir dans leur ville une église pour laquelle ils ne payeront ni lods et ventes, ni droit d'amortissement.

3. Les habitans ne pourront être inquiétés sur tout ce

-----

(1) *N. B.* Ces privilèges sont peut-être ce que Ducange au mot *allocatus* appelle *libertates salcæ terræ in diocesi Ruthenensi, anno 1284.* Peut-être ces *libertés* ont-elles été seulement confirmées par le roi **Charles V.**

qui s'est passé avant le jour auquel ils ont prêté serment de fidélité au Roi.

4. Remise générale de tout ce que les habitans de cette ville peuvent devoir au Roi.

5. Pendant dix ans les habitans seront exempts de tout droit pour les marchandises qu'ils achetteront et qu'ils vendront.

6. Les biens de ses habitans, qui ont été confisqués avant le jour auquel ils ont prêté serment de fidélité au Roi, leur seront restitués.

7. Le sénéchal de Rouergue, le juge de Sauveterre et les autres officiers royaux jureront en entrant en charge d'observer les privilèges de cette ville.

8. Pendant cinq ans les consuls, du consentement de la plus grande partie des habitans, pourront lever sur eux des deniers qui seront employés aux fortifications de la ville.

9. Les habitans de la ville seront tenus de faire le guet.

10. Philippe Cabriolis sera châtelain.

11. La ville de Sauveterre sera unie inséparablement au domaine de la Couronne.

Voyez les Ordonnances du Louvre, t. V, pp. 694, 695, 696 et 697. Ces privilèges sont écrits en latin et tiennent trois pages in-folio.

Naucelle.

« Un païsan près Naucelle en Rouergue, revenant de quelque lieu hors sa maison, ne trouvant sa femme en icelle, et ayant entendu qu'elle festoyait les prestres du lieu, auxquels elle avoit fait ce jour prier Dieu pour les trépassez, comme la coustume en est audit païs : le mari transporté de cholére en fureur, procédant de jalousie ou autrement, avec une hache trencha la teste à deux de ses petites filles, dont l'aisnée n'avait atteint dix ans, sans pouvoir estre esmeu de plainctes et caresses plus qu'humaines de la puisnée, voyant le spectacle de l'aisnée, embrassant son père à la jambe, sans l'en pouvoir tirer qu'à force, criant tousiours en ces mots : *Ha ! mi Papa, que vous ay jou fait ?* comme il confesse depuis en son audition ; de quoy prévenu par arrest fut condamné à estre mis à quatre quartiers, et la teste derrière et exécuté.» Voyez la Bibliothèque du Trésor du Droit français, par Bouchel, au mot *furieux*.

Camboulas.

Camboulas était fortifié en 1488. Voyez dans l'Histoire de Charles VIII, publiée par Godefroy, la lettre écrite à ce prince par Anthoine d'Aubusson, qui avait *tenu la place de Cambolas en Rouergue, douze ans, sans y avoir noise ni débat.* Vid. p. 586.

Millau.

T. V, pp. 292 et suiv. de la collection des Ordonnances du Louvre, voyez les privilèges accordés à Millau par les lettres de Charles V du mois de mai 1370. Voyez aussi à la table de ce volume les autres actes relatifs à cette ville.

Tome VI, p. 148, *ibid.* sont des lettres de Charles V du mois d'août 1375 portant que le sel ne sera vendu à Milhaud que sur la place publique.

Charles VI accorda aux habitans de Millau des privilèges insérés dans le tome VII, p. 207 des Ordonnances du Louvre.

Voyez dans le Glossaire de Ducange, *verbo trotare*, la vilaine coutume de faire courir nus dans les rues de la ville ceux et celles qui avaient été convaincus d'adultère. On la trouve dans les immunités de Millau accordées par le roi d'Aragon en 1187. Cette coutume était générale en France et n'a guère cessé que vers le xvme siècle.

Recueil des principales foires de France, Allemagne, etc. Rouen, 1615, in-16.

P. 165. « Rouergue.

» Le dixième jour d'août foire à Millau.

» Le vingt-neuvième novembre autre foire. »

Fromageries de Roquefort.

Certaines espèces de fromage de France ont une réputation de plusieurs siècles... Tel est le Roquefort que les savants croient être celui dont parle Pline, qu'on tirait des Gaules et qui était fort recherché à Rome.

François 1er accorda aux habitans de Roquefort la faculté de percevoir un droit sur les fromages que les particuliers déposaient dans les caves de cette commune.

Vid. Essai historique sur l'agriculture imprimé en tête du Théâtre de l'agriculture et mesnage des champs d'Olivier de Serres, par le sénateur Grégoire.

Saint-Rome.

Ordonnance de Charles le Bel confirmée en 1401 par Charles, relative à la création d'une commune à Saint-Rome-de-Tarn. Cette Ordonnance intéresse l'histoire de la police intérieure des villes.

V. la collection des Ordonnances du Louvre, t. VIII, pp. 475 et suivantes.

Belmont.

Arrêts de La Roche Flavin, livre Ier, tit. 38, arrêt 1er.

« Confrairies illicites.

» Le 22 février 1543 arrêt entre Thurres et le syndic de Beaumont en Rouergue, prohibant de n'user du nom d'admiral, ni en faire ou députer, ni souffrir être fait...»

Portrait des habitans du midi du Département.

M. Segonds, homme de lettres, m'a fait part de cette observation que s'il y a dans le Rouergue deux genres de caractères très distincts, l'un gai, jovial, loquace, vantard, l'autre grave, flegmatique, refléchi, sérieux, c'est que nous descendons également des Gascons et des Anglais d'Edouard III.

IIe VOLUME.

Population.

D'après le dénombrement fait à la fin du xviime siècle par les Intendans, celui de la généralité de Montauban portait la population du Rouergue :

Pour l'élection de Villefranche, à ..... 80,000 âmes,
— de Rodès, à .... 85,000 —
— de Millau , à .... 64,000 —

Total .... 229,000 âmes.

Voyez l'Abrégé des Mémoires des Intendans, par Boulainvilliers, tome II, pp. 280 et 295, édition de Londres.

Mines (1).

On lit dans l'Abrégé des Mémoires des Intendans, par le comte de Boulainvilliers, qu'il y avait des mines de fer et d'azur dans le voisinage de Bozouls. Voyez le tome II, p. 282.

Ancienne mine de vitriol à Najac. V. La France, par Duval, tome Ier, pp. 214 et 215, éd. de 1682.

Agriculture.

C'est sur les mémoires de feu mon ami Jean-François-Gaspard de Cabrières, que j'ai écrit ce chapitre. L'agriculture aveironnaise doit à cet excellent homme d'avoir puissamment contribué à l'introduction des mérinos.

MONTEIL.

M. de Monseignat, fils de feu mon grand ami, a porté de l'école d'agriculture de Rouville la méthode des caustiques, de l'usage multiplié de la chaux, ainsi qu'on peut le voir à sa belle ferme de Puech.

------

(1) V. p. 17, *Aubin*. — *Decazeville*, note — L M

Aujourd'hui on enterre souvent le fumier dans les terres fortes.

L'usage de la marne s'est aujourd'hui introduit et s'y introduit de plus en plus.

Depuis la Révolution de 1789 les défriches égalent le sixième des anciennes terres cultivées. Toutefois les montagnes du Levezou sont à peu près intactes et celles du Cantal ne sont défrichées qu'aux environs de certains villages.

Dénombremens de l'intendant de Montauban vers la fin du xviime siècle.

Élection	de Villefranche,	9,000	bêtes à corne,
—	de Rodès,	3,000	—
—	de Millau,	2,500	—
	Total	14,500	bêtes à corne
Élection	de Villefranche,	40,000	bêtes à laine
—	de Rodès,	45,000	—
—	de Millau,	20,000	—
	Total	65,000(1)	bêtes à laine

Voyez la page 280 du tome II de l'Abrégé des Mémoires des Intendans, par Boulainvilliers.

On lit pp. 280 et 295, *ibidem*, que dans ce même temps le nombre de charrues s'élevait :

Dans l'élection	de Villefranche, à	4,000
—	de Rodès, à	9,000
—	de Millau, à	2,000
	Total	15,000

Ce qui est contradictoire avec l'état ci-dessus.

(Les premiers [les bœufs des terres à froment], *lisez* : Les uns...)

Mon neveu Charles m'apprend, ce que j'ai cent fois vu,

____

(1) *Sic*, inexact, au lieu de 105,000. — L. M

que l'on couronne d'une croix de fleurs les grosses
meules de blé. Quelquefois on attache une couronne à
l'extrémité des croisillons. Voici la figure (1).

Subsistances.

Sur la fin du xviime siècle le Rouergue produisait :

Élection de Villefranche,	7,000 pipes de vin,	
— de Rodez,	9,000	—
— de Millau,	6,000	—
Total	22,000 pipes de vin.	

Abrégé des Mémoires des Intendans, par le comte de
Boulainvilliers, tome II, pp. 280 et 295.

Arts mécaniques.

Dans les arrêts du parlement de Toulouse, recueillis
par La Roche Flavin, il en est un du 24 mai 1576, qui
mentionne l'importation des chapeaux de Rhodès aux
marchés de Toulouse.

(*Couvreurs*. Les deux mètres carrés, *bis*, *lisez :* Les
quatre mètre carrés [2].)

Dans le procès-verbal des séances de la Convention du
12 ventôse, an II; dimanche, 2 mars 1794, on lit *que le
conseil général de la commune de Rodès envoya huit
cents marcs d'argenterie, provenant de la dépouille
des églises, toutes converties en temples de la raison
du plus fort.*

(*Plafonneurs*. Les deux mètres carrés, *lisez :* Les
quatre... [3].)

(*Salaisons [Art des]*, Auge de bois.)
Il y a un mot technique, c'est *saloir*.

---

(1) Voyez planche d.
(2) Cette correction n'avait pas été faite par Monteil. — L. M.
(3) *Idem*.

Je lis dans *Les droits d'entrée*, Paris, 1703, un vol. in-12, pp. 380 et suivantes. « ... Serges des Cévennes et Gévaudan (et par conséquent de Saint-Geniez, car les marchands de cette ville joignaient leurs envois aux envois de Marvejols et de Mende) appelées impériales, 3/4 de large, envoyées en Italie, par Gennes et Livourne, et aux Echelles du Levant : droit de sortie, réduit en 1693 à la moiti des autres étoffes pour les protéger. »

Commerce.

Que je dise un mot du commerce de transit, relativement aux bestiaux, qui se fait d'Aurillac à Clermont de Lodève, Montpellier, Nimes. Une corde presque continuelle de petits troupeaux de moutons, d'environ 100, 200 têtes, s'établit entre la Haute-Auvergne et le Bas-Languedoc ; elle passe par Entraygues, Bozouls, Laissac, Milhau. Ces troupeaux sont menés par les marchands qui, plusieurs fois le mois, font ce trajet en allant ou en revenant. Vous les voyez, en allant, l'épaule chargée d'un gros sac d'écus de 3 ou 4,000 francs qu'ils tiennent enroulé dans leur limousine et dont ils vont se décharger dans les marchés du Cantal. Vous les voyez, en revenant, aidés seulement par un petit chien de berger, pousser, en toute saison, leur troupeau à travers trois ou quatre départements. Quelquefois ils se rencontrent, à la couchée, jusqu'à vingt dans la même auberge. C'est ce que m'atteste mon neveu Auguste qui, pendant quelque temps, a vécu à l'auberge de Laissac. Ces bons marchands de bestiaux presque tous riches et remuant beaucoup d'argent ne s'épargnent pas la bonne chère, le bon vin et la joie. Ils traversent des pays solitaires, des montagnes, des bois ; ils devraient avoir peur, ils n'ont pas peur. Rarement ils sont attaqués : on sait qu'ils se défendent.

Auguste ajoute que l'étape de ces marchands de moutons est en général de 8 ou 9 lieues de poste par jour. Ils voyagent en été une grande partie de la nuit, et en hiver le jour à peine leur suffit. Les frais de nourriture en été sont nuls. Le mouton vole à droite et à gauche son pauvre vivre. C'est qu'il traverse des pays de pâture. Le marchand achète à Aurillac chaque mouton de 15 à 20 francs, il le vend à Nimes de 20 à 25 francs. Auguste a calculé qu'il passait journellement à l'auberge où il mangeait 10 troupeaux de 150 bêtes. Chaque troupeau a une valeur de 3,000 francs en comptant chaque mouton de 20 francs. Si on multiplie cette somme par 10, nombre des troupeaux, on aura 30,000 francs. Si on multiplie ces 30,000 fr. par 365 jours, on aura une valeur d'environ 11,000,000.

Ainsi l'on voit quelle est l'immensité du commerce français en bestiaux par celui des moutons. Que l'histoire daigne descendre de sa majestueuse hauteur et fasse son profit des notes d'Auguste. Le commerce qu'elle dédaigne, voilà un de ses principaux chapitres, et qu'elle en ravive les nomenclatures par la description de ces séries ou cordes perpétuelles de marchands et de bestiaux, par leur mouvement, leur variété.

14 novembre 1840.

Contributions.

Vers la fin du xviie siècle le Rouergue était imposé pour les tailles, savoir :

Élection de Villefranche,	305,637
— de Rodès,	245,578
— de Millau,	284,283
Total	835,498

Voyez les pages 280 et 295 de l'Abrégé des Mémoires des Intendans, par le comte de Boulainvilliers, tome II, édition de Londres.

Dans le Compte des décimes du clergé de France, année 1596, dont j'ai l'original, au folio 116, on lit :

« Diocese de Rodetz

» De messieurs les evesque et benefficiers du diocese
de Rodetz la somme de huict mille six cent quatorze
escuz, trente-cinq solz, huict deniers...

» Pour les 3 décymes taxés comme dessus xx^m ix^c et
lviii livres.

» Et pour l'autre plus... comme dessus v^m liii livres,
vii sols tournois.

. . . .

» Diocese de Vabres.

» De messieurs les évesques et beneficiers... la somme
de dix-huit cent deux escuz tournois.

» Pour lesd. troy décymes... iiii^m iii^c xxxii livres x sols.

»-Et pour l'auctre plus la somme de mlxxiv livres
xx solz tournoys... »

J'ai l'original d'une quittance de Lemacon, receveur
général de finances et dont la teneur suit.

« Je, Estienne Lemacon, conseiller du Roy et receveur
général de ses finances en Guyenne, estably à Agen,
confesse avoir eu et receu comptant audit Agen, de M.
Hugues Caulet, receveur de la comté de Roddez, la somme
de cent sept livres neuf sols deux deniers p^lis tourn. : en
tests . . . . monnoie, sur ce
qu'il peut deubvoir au Roy à cause de sage recepte des
deniers qui ont été imposés *pour la garde de monsieur
de Montluc,* pour le quartier de janvier, febvrier et
mars xv^c soix^te six, de laquelle somme de c. vii. l. ix sols
p^lis ts, je me tiens pour content et bien payé et en ay
quicte et quicte ledit Caulet, receveur susdit, et autres
tesmoings, mon seing cy mis. Agen le xvime jour de febvrier xv^c soix^te et six.

Signé » Lemacon (1). »

____

(1) Il y a dans le manuscrit deux actes copiés, mais ils sont à
peu près le même. Ils ne diffèrent que par la transcription erronée
de certains passages difficiles. Nous n'avons pu que ponctuer au
lieu d'interpréter un de ces passages qui donne un détail. — L. M.

Administrations.

Dans la Géographie de l'abbé de Dangeau, 1693, en marge de la carte des Généralités, on lit que Louis XIII créa en 1621 une généralité pour le Rouergue, mais que cet édit fut révoqué.

Tribunaux.

Testament du prince de Conti. Paris, Barbin, 1666, un volume in-16.

« ... En cas que le présidial de Rodez ne soit pas supprimé et que celuy de Villefranche prétende que je lui doive restituer la somme de trente mille livres faisant partie de la finance accordée au Roy pour la suppression du présidial de Rhodez, il faudra aussi examiner cette affaire ; et si je suis obligé à la restitution, je prie mes exécuteurs d'y satisfaire à la décharge de ma conscience. »

Bon et honnête prince ! il ne fallait pas se borner à cette disposition ; il fallait ajouter : Et si le présidial de Rodès est supprimé, je prie mes exécuteurs testamentaires d'examiner le tort qu'a fait à la province la suppression du tribunal du centre et de le réparer.

Médecine et art vétérinaire.

Les médecins, les gens de l'art, les officiers publics ne sauraient prendre trop de précautions pour s'assurer de la mort réelle des hommes qu'on ensevelit.

« Je, soussigné, Jean-Pierre Roques, natif de Rodez, secrétaire de mon cousin monsieur Monteil, demeurant actuellement à Passy près Paris, crois devoir insérer ici un fait dont j'ai été témoin. Je revenais l'hiver dernier de Bozouls près Rodez ; je m'approchai de cette ville, vers la fin du jour ; j'étais sur la grande route et à peu de distance du cimetière, lorsque des cris se font entendre : « On vient d'enterrer un homme vivant ! » J'accours ; on me dit que c'est mon cousin Gruat devenu depuis plusieurs années aveugle. J'accours : j'arrive au moment où l'on déclouait la bière ; je mets la main à l'œuvre ; on arrache le linceuil et on reconnaît que le cœur bat encore ; on l'enveloppe dans des couvertures et on le transporte dans une maison voisine. Le médecin arrive, on le seigne; quelques gouttes de sang coulent, mais soins et espoir inutiles : la vie avait fui dans le cercueil, ou du moins le séjour de quelques heures dans le suaire dans le cercueil en avait rendu le retour impossible. Que si mon excellent parent avait été moins précipitament enseveli il vivrait encore, et longues années, car sa constitution était excellente.

» Ecrit à Passy, le 25 octobre 1841.

» ROQUES. »

Mon cher ami Roques, j'ai traité dans mon xviiime siècle du danger de ces inhumations précipitées. Je propose, et sans doute inutilement, d'adopter le dépositoire de Mayance.

Éducation et Instruction.

Avant 1789, je me souviens d'avoir ouï dire qu'au séminaire de Layole, il y avait des chambres peintes de personnages diaboliques, infernaux, de monstres où l'on enfermait les jeunes écoliers qu'on voulait corriger. Il me revient dans l'instant à la mémoire qu'entre autres il y avait des bœufs à longues cornes et à longue langue d'écarlate.

Je me souviens encore plus distinctement qu'à Rodez le porte-croix de Saint-Amans, nommé M. Laviale, dont ma mémoire me représente la vieille figure sillonnée de quatre-vingt-dix ou peut-être même de quatre-vingt-quinze ans, je me souviens, dis-je, que ce bon porte-croix était maître d'école, enseignant toujours le Despotaire et que, pour imprimer le mouvement d'obéissance à ses écoliers, il appelait à la fin du repas les chiens, les chats, les poules en leur jetant quelque chose à manger, et que tout à coup au milieu du banquet, il frappait de son gros poing fortement la table, en criant : « En enfer ! » Aussitôt quadrupèdes et volatiles se précipitaient par une trappe ouverte au milieu du plancher à la grande admiration non pas des écoliers qui avaient vu plusieurs fois l'enfer ouvert, mais des parents ou autres personnes que M. Laviale avait invités.

Religion. — Usages religieux.

Mon neveu Charles Solignac m'a fait connaître un usage religieux bien notable. Lorsque à la messe de minuit les bergers sortent de l'église, ils se mettent tous à siffler avant de sortir près de la porte et même à une assez grande distance après en être sortis. Cette coutume remonte aux plus anciens temps ; elle rappelle les bergers qui à la naissance de Jésus-Christ guidèrent les mages.

Les bergers ne la laisseront pas perdre.

J'ai demandé à Charles si en ce jour les bergers sont mieux habillés, s'il mettent leur bel habit, leur beau chapeau : il m'a répondu qu'il n'avait à cet égard remarqué aucune différence.

Voici quel était l'état du clergé du Rouergue à la fin du XVIIme siècle.

Élection de Villefranche.

couvens,	religieux,	bénéficiers,	ecclésiastiques
16	230	550	760

Élection de Rodez.

15	252	500	700

Élection de Millau.

14	128	550	800
Total 45	610	1,550 (1)	2,260

Abrégé des Mémoires des Intendans, par Boulainvilliers, t. II, pp. 280 et 295.

---

(1) *Sic,* inexact. — L. M.

APPENDICE

Nous avions songé tout d'abord à publier purement et simplement les Notes additionnelles de Monteil. Mais avant la fin de l'impression nous avons été amené à apporter quelques annotations. Nous ferons encore les observations suivantes :

L'avant-dernier alinéa de la Note sur les *Vacheries des Montagnes d'Aubrac*, p. 12, est reproduit tel qu'il est incomplet au manuscrit. De même, p. 31, *La Mouline*, il n'y a pas au manuscrit l'extrait de compte. A la page 34, 4ᵉ ligne, il y a l'omission au manuscrit.

Rapprochons de ce que dit Monteil des *Montagnes d'Aubrac*, p. 14, « Asur... » ce qu'il rapporte des *Mines*, p. 40 ; et aussi ce qu'a écrit Bosc : « Il n'y a pas encore cent cinquante ans, qu'on exploitait près de Bozoul, une mine d'azur et une autre de fer, dont on transportait le minéral dans les bois d'Aubrac, pour le fondre ; mais la difficulté des chemins a fait interrompre ce travail, depuis plusieurs années. »

A propos de l'incident relatif à la bannière déchirée, p. 35, on remarquera une variante dans *Mes éphémérides*.

Les archives de la Société des lettres, sciences et arts de l'Aveyron renferment, entre autres papiers de Monteil, provenant d'un envoi fait par M. C. Solignac, un cahier de projets ou brouillons de lettres, où des ciseaux semblent n'avoir fait que leur part des feuillets blancs. Nous donnons ci-dessous celles qui se rapportent directement à l'ouvrage de la *Description du département de l'Aveyron*.

L. M.

<div align="center">~~~~~~~~~~~~~~~~~~</div>

15ᵉ floréal, an 10ᵉ

AU CITOYEN O'REILLY,

Dans la Description du Département de l'Aveyron, dont j'ai l'honneur de vous offrir un exemplaire, j'ai essayé de faire connaître l'état où se trouvaient les arts dans ce pays et comparer leurs procédés avec ceux usités ailleurs. Je ne sais jusqu'à quel point j'ai approché de mon but, mais il me semble qu'un pareil travail exécuté dans les autres départements serait un très bon et peut-être le seul moyen de se procurer des matériaux pour un dictionnaire des arts et manufactures de la France. C'est à

4

vous surtout qu'il appartient de juger de mon projet et
de la manière dont je l'ai exécuté dans ce département.
Si vous croyez cette partie de mon ouvrage digne d'être
analysée dans votre intéressant journal, je vous aurai
une nouvelle obligation ; je vous dois les connaissances
que j'ai puisées dans vos mémoires technologiques, je
vous devrai de m'avoir mis à même, par votre recommandation, de les reverser dans le public.

CIRCULAIRE

15ᵉ floréal.

CIT. PRÉFET ET CIT. MEMBRES DU CONSEIL D'AGRICULTURE,
DU COMMERCE ET DES ARTS,

Il n'est aucun de vous qui en lisant les géographies de
la France n'ait été frappé de la différence qu'il y avait
entre son département et le département du livre, qui en
parcourant les dictionnaires de Commerce n'ait remarqué de nombreuses erreurs sur celui de son pays; qui
souvent ne se soit impatienté en ne trouvant dans la
plupart des traités d'agriculture et d'arts mécaniques,
que la manière de cultiver dans la banlieue de Paris, ou
la nomenclature des procédés employés depuis longtemps
par les artistes et les ouvriers de cette ville. Il m'a
paru que le seul moyen de fournir aux géographes de
bons matériaux, et de mettre les écrivains sur l'agriculture et sur les arts à portée de connaître les campagnes et les ateliers de toute la République, serait de
faire décrire séparément et sur les lieux chaque département de la France.

Je présentai ce projet à l'ancien Ministre de l'intérieur
Letourneux, auprès de qui toute idée utile n'avait besoin
ni de recommandation, ni de protecteur. Il l'agréa, et
m'accorda une somme pour la Description de mon Dépar-

tement (l'Aveiron ci-devant le Rouergue). J'ai employé cinq ans à ce travail, heureux même si l'on trouve que ce temps m'a suffi.

Voici le plan que je me suis tracé.

J'ai divisé mon ouvrage en deux parties. La première renferme la Géographie du Département : les villes et les principaux bourgs y sont décrits sous le rapport de leur position, de leurs édifices, de leur population, de leur commerce et de leurs fabriques, des mœurs des habitans, des changemens opérés par la Révolution.

En passant d'une ville à une autre, j'examine le pays intermédiaire, la culture, les productions, les curiosités d'histoire naturelle, les sites pittoresques, les monumens, les variations dans le costume, le langage, les opinions et les usages ; enfin je ne néglige rien de ce qui peut faire connaître en détail les campagnes trop dédaignées par ceux qui, ne les parcourant que sur les grandes routes, n'abaissent jamais leurs regards sur les charrues et les chaumières, ne voient le peuple et la nation que dans l'enceinte des villes.

Les principaux articles qui forment la seconde partie sont :

L'étendue du département, le nombre d'hectares de sa surface ;

La division du territoire, ancienne et moderne ;

La population et les calculs qui ont servi de base au résultat donné ;

Les mines exploitées et leur produit ;

L'agriculture ; les différentes qualités de terre, la description des travaux agricoles et des instrumens aratoires, les recensemens des différentes espèces d'animaux ruraux, leur perfectionnement ou leur dégradation ; le nombre d'hectares employés à chaque genre de culture, les frais d'exploitation, le produit et la valeur des terres.

Les subsistances ; tableau de leur prix ; comparaison

des quantités des denrées produites et de celles consom-
mées ;

Les arts mécaniques comparés un à un dans leurs
procédés avec ceux des autres pays ; nombre des artisans
et artistes ; prix des journées et des objets fabriqués ;

Le commerce ; produits de l'agriculture et des fabriques exportés ; quantités ; prix ;

Les grandes routes et la navigation intérieure ; lieues
de chemin confectionnées ; routes à ouvrir ; travaux
hydrauliques ; projets ;

Contributions : anciennes, actuelles ; rapprochement
du taux des impositions de l'Aveiron avec celui des autres départements.

Les administrations antérieures et postérieures à la
Révolution ; leurs travaux ;

Les tribunaux : effets des différentes lois judiciaires
considérés par rapport au Département ;

La force publique ; police ;

Les prisons, leur état, leur régime ;

Les hospices : tenue, administration ; revenus, dépenses ; moyens d'améliorer le sort des réfugiés et des enfans trouvés ;

La mendicité et le vagabondage ;

La médecine et l'art vétérinaire ; topographie médicale ;

L'éducation et l'instruction ; état de l'une et de l'autre ;

La religion : opinions religieuses qui ont successivement dominé ; divisions entre les ministres ;

L'influence de la Révolution ;

Comparaison de la province du Rouergue avec le Département de l'Aveyron.

(A l'énoncé de ces différens articles, on voit bien qu'ils
n'ont guère pu être composés au coin du feu. Tel, en
effet, a été écrit chez un tisserand ou chez un chapelier,
tel autre dans une tannerie ; celui-ci est le résultat d'une
conversation avec un vigneron, celui-là c'est un fermier

qui l'a dicté. Des pages entières ont été faites sur les lieux même qui y sont décrits, sur le sommet des montagnes, au bord d'un torrent, au fond d'un vallon. Souvent dix lieues n'ont point paru trop longues pour revenir auprès des mêmes objets collationner pour ainsi dire la copie sur l'original. Souvent on a passé des mois entiers dans les comptoirs des marchands, dans les archives des hôpitaux, dans les secrétariats des mairies et des administrations pour parvenir à un résultat de quelques lignes de chiffres ; car dans le travail que je publie aujourd'hui il s'agit, etc.)

A ce passage entre parenthèses Monteil se proposait de substituer les trois lignes suivantes :

Tels sont, citoyens, les principaux articles que j'ai essayé de traiter. La partie statistique surtout a été particulièrement soignée et j'ai cru que dans un travail de ce genre, il s'agit moins de bonnes tirades que de bons calculs, d'un tableau brillant de ce département que du portrait fidèle du pays. Il en est des différens genres d'écrire, comme des classes de la société, dont les unes doivent avoir une riche parure et les autres une mise simple et modeste.

Vous penserez sans doute, citoyens, que ces descriptions particulières sont principalement utiles, par les nombreux points de comparaison qu'elles peuvent fournir, aux administrateurs et aux artistes. Aussi Creuse-Latouche voulait-il que la collection en fut placée dans toutes les archives des administrations. Si un pareil projet était exécuté, ces bibliothèques administratives formeraient une galerie où seraient exposés les tableaux de tous les départemens. Ce serait là peut-être un des bons moyens de mettre en relation les différentes sections de la République les unes avec les autres, de leur faire faire connaissance entre elles, de transvaser, si l'on peut s'exprimer ainsi, les mœurs françaises dans les contrées germaniques ou italiennes nouvellement réunies.

〰〰〰〰〰〰〰〰〰〰〰

Prairial.

. AU PRÉFET ET AUX MEMBRES DU CONSEIL GÉNÉRAL,

J'ai l'honneur de vous offrir un exemplaire de la Description de ce Département. Cet ouvrage est le résultat de grandes dépenses, de cinq années de travail et de recherches pénibles ; mais si vous daignez l'accueillir, je serai plus que dédommagé. Qui ne serait, en effet, honoré de votre opinion, quand on sait qu'aucune sollicitation ne peut la gagner, aucune considération la comprimer ? D'ailleurs, en obtenant vos suffrages, je croirai avoir obtenu ceux du Département entier. Vous le représentez. Car si vous êtes les yeux du gouvernement lorsqu'il voit le bien, vous êtes aussi la voix du peuple lorsqu'il parle dans sa sagesse ; car si c'est par vous que le gouvernement voit et agit, c'est aussi par votre bouche que le peuple parle, blâme et approuve.

〰〰〰〰〰〰〰〰〰〰〰

A Marvejols, le 9ᵉ brumaire, an 11ᵉ (1).

Au moment de mon départ pour cette ville, où des affaires de famille m'ont emmené, j'ai reçu la lettre que vous avez pris la peine de m'écrire. Je mets à profit le premier moment de libre pour y répondre.

Je vous remercie des choses honnêtes que vous me dîtes sur mon ouvrage. Je suis aussi loin de les croire que de les mériter. C'est à votre extrême politesse que je les dois.

____

(1) Cette lettre, sur une mauvaise feuille à part, est épinglée au cahier.

Vous pouvez, citoyen, puiser dans mon ouvrage tant qu'il vous plaira et je serai presque tenté de vous dire : Vous lui faites, seigneur, en le croquant, beaucoup d'honneur. Seulement, mon libraire, à qui il reste encore un assez grand nombre d'exemplaires de la Description, vous prie de la mentionner par une très petite note.

Je me chargerai avec plaisir de vous transmettre les renseignements que vous me demandez par courrier. Je vous les donnerai plus ou moins étendus, suivant que vous serez plus ou moins pressé de les recevoir. Dans ce moment un ingénieur des mines parcourt notre Département et chaque jour ajoute à ses découvertes minéralogiques.

Il m'est impossible de me rappeler le nom du libraire chez qui se vendent les Descriptions du Finistère et de la Seine-Inférieure ; mais le rédacteur du Moniteur, dans la feuille du 11, 12, 13 ou 14 thermidor ou fructidor ou vendémiaire, parlant de la Description de l'Aveiron, a rappelé les ouvrages du même genre qui ont le plus marqué, entre autres les Descriptions du Finistère et de la Seine-Inférieure, et je crois qu'il donne le nom du libraire.

Disposez de moi, citoyen, toutes les fois que je pourrai vous être utile. C'est avec bien du plaisir que je porterai quelques petites pierres au grand édifice que vous élevez à la France.

J'ai l'honneur de vous saluer et vous prie d'agréer les assurances de mon estime et de ma considération.

Le 20ᵉ ventose.

Citoyen Portal,

Je vous prie d'accepter un exemplaire de la Description de l'Aveiron qui vous sera remis par votre respectable pasteur. Une des pages de cet ouvrage qui ont paru inspirer le plus d'intérêt est celle où il est fait mention du dévouement héroïque de vos généreux frères. Leurs noms méritaient d'être écrits en caractères plus durables ; mais que leur importent aujourd'hui les monumens élevés sur la terre ! ils ont déjà reçu la récompense que l'Eternel réserve aux héros et aux hommes justes ; je me persuade que si quelque chose peut ajouter à leur bonheur, c'est le souvenir d'avoir délivré leur famille et leur pays du fléau le plus terrible.

Du 4ᵉ floréal (1).

Citoyen Préfet,

Un de mes amis et moi entrâmes hier par hasard dans l'ancienne église des Cordeliers. En faisant le tour du chœur nous aperçûmes dans la chapelle située à la droite du maître-autel, un mausolée au-dessus duquel est la figure d'un chévalier représenté avec une vérité de costume qui rend ce monument très précieux. Dans l'espoir de découvrir quelqu'autre antique, nous allâmes ensuite à l'église des Jacobins, et nous vîmes à la pre-

---

(1) Bien que cette lettre n'ait point pour objet l'ouvrage de la *Description du département de l'Aveyron*, nous devons d'autant plus l'insérer qu'elle se rapporte à un des sujets même de l'ouvrage. C'est pourquoi Monteil l'a bien couchée à la suite des précédentes.

Primitivement, Monteil avait reçu de l'administration départementale une allocation pécuniaire pour *faire des recherches et fouilles de monumens celtiques*. Mais il pensa devoir agrandir le cercle de son œuvre. C'est de là qu'est née la *Description du département de l'Aveyron*, où les monuments celtiques n'occupent qu'une place bien minime ; celle des autres monuments, romains, chrétiens, est aussi bien restreinte. Plus tard Monteil applaudissait aux travaux de la Société des lettres, sciences et arts de l'Aveyron. *Lettre de Monteil*, du 14 mai 1839, à *J. Duval, secrétaire*, où l'archéologie et les antiques maisons de Rodez ont une place. — L. M.

mière chapelle du côté gauche un maùsolée à peu près semblable à celui des Cordeliers et qui nous parut du même âge. Les chapiteaux des colonnes du cloître fixèrent aussi notre attention par la variété et la bizarrerie de leurs reliefs.

Ces différens morceaux seraient dignes de figurer dans les musées les plus riches. Je ne doute pas, citoyen Préfet, que vous ne donniez des ordres pour qu'ils soient soustraits aux coups de pierres des enfans ou au marteau des maçons (1). On pourrait encore, ce me semble, conserver les antiques retables des Cordeliers et des Jacobins. Quant à la nouvelle destination de ces objets, j'ai à cet égard quelques idées que j'aurai l'honneur de vous communiquer si vous le jugez convenable.

______

(1) Le mausolee de l'église des Jacobins fait aujourd'hui partie des collections de la Societe des lettres, sciences et arts de l'Aveyron. V. *Guide au Musée, Antiquités*, n° 341. — L. M.

SOMMAIRE DES MATIÈRES

DE LA

DESCRIPTION DU DÉPARTEMENT DE L'AVEYRON

ET DE

l'Addition posthume à cette Description (1)

PREMIÈRE PARTIE

Pays situé sur la rive droite du Lot

Mur-de-Barrez. — * Montagnes d'Aubrac. — * Vacheries des Montagnes d'Aubrac. — * Montagnes d'Aubrac. — * Bourgs des Montagnes d'Aubrac. — * Montagnes d'Aubrac. — * Saint-Geniez. — ** Roquelaure. — Saint-Côme. — Espalion. — Bonneval. — * Estaing. — Entraïgues.

Pays situé entre le Lot et l'Aveyron

Conques. — * Vallons du Dourdou. — Ville-Comtal. — Marcillac. — Valady. — ** Panat. — Mines d'Aubin. (— ** Decazeville). — Cransac. — Montagne brûlante de Fontaynes. — Alunerie de Fontaynes. — Aubin. — ** Auzits. — Livignac. — * Asprières. — * Peyrusse. — * Villeneuve. — * *Saint-Antonin.* — *Varens.* — *Verfeil.* — * Najac. — * Villefranche. — Environs de Villefranche. — Rinhac. — Terres calcaires du Département. — Clairvaux. — * Rodez (2). — Le Monastère. — * La Mouline.

---

(1) Nous marquons d'un astérisque les articles qui sont l'objet des Notes additionnelles de Monteil, en ajoutant un deuxième à ceux qui ne figuraient pas dans l'ouvrage déjà imprimé. Decazeville est entre parenthèses, l'addition n'étant pas le fait de Monteil. Sont en italiques les localités ne faisant plus partie de l'Aveyron.

(2) La lettre au Préfet, p. 56, se rapporte aussi à Rodez.

La Campie. — Château d'Onet. — Salles. — * Grotte de Solsac. — Le Tindoul. — Saint-Maime. — Château de Gages. — * Grandes fermes du Département. — * Sévérac. — * Rivière de l'Aveiron.

Pays situé entre l'Aveyron et le Tarn

* Briques antiques. — ** Vimenet. — * Laissac. — Camp de Montberle. — Bertholène. — * Sainte-Radegonde. — Monumens Celtiques. — Ceignac. — ** Notre-Dame-de-Lenne. — Calmont de Plantcatge. — * Bonnecombe. — Rieupeyrous. — * Sauveterre. — * Naucelle. — Cassagnes-Bergounhès. — Salmiech. — La Selve. — Réquista. — Villefranche-de-Panat. — Salles-Curan. — * Camboulas. — Montagnes du Levezou. — Saint-Beauzély. — Compeyre. — * Millau.

Pays situé au-delà du Tarn

Le Causse-Noir. — Grotte de la Poujade. — Nant. — Saint-Jean-du-Bruel. — Le Larzac. — Lacavalerie. — Le Larzac. — * Fromageries de Roquefort. — Cornus. — Forêt du Guillemard. — Saint-Félix. — Saint-Affrique. — Vabre. — Alunerie de Lavencas. — Craissels. — * St-Rome. — Gozon. — Rivière du Tarn. — Broquiès. — Saint-Sernin. — * Belmont. — Portrait des habitans du midi du département. — * Portrait de l'Aveyronnais.

SECONDE PARTIE

STATISTIQUE ET ÉCONOMIE ADMINISTRATIVE

Etendue du département. — Division du territoire. — * Population. — * Mines. — Femmes du département. — * Agriculture. — * Subsistances. — * Arts Mécaniques. — * Commerce. — Routes et navigation intérieure. — * Contributions. — * Administrations. — * Tribunaux. —

Police et force publique. — Prisons. — Hospices. — Mendicité. — * Médecine. — * Éducation et Instruction. — * Religion. — Influence de la Révolution sur le Département.

PLANCHES

a. Portrait de A.-A. Monteil, par Antoine Pouget.

b, c, d. Fac-simile d'écritures des Notes additionnelles (1).

1. Villageoise.

2. Château de Gages.

3. Homme de ferme.

4. Briques antiques.

5, 6. Monumens Celtiques.

(7.) Carte pour servir à la Description du Département de l'Aveiron, an 8 — 1840.

---

(1) Cette publication pourra être très utile pour sauver de la destruction nombre d'autographes de Monteil.

Volontiers nous aurions donné aussi des fac-simile de l'écriture du manuscrit de la *Description* elle-même qu'aurait autrefois possédé l'héritier. Mais ce manuscrit et tant d'autres, édités et inédits, auraient été soustraits, par de peu délicats personnages, au bon, très bon, trop bon M. C. Solignac.

Rodez. — Imprimerie à Vapeur L. LOUP rue de la Barrière

Remanier la Description de L'Aveiron

D'en faire qu'un volume

(e) diviser en 1re 2, 3e Promenades

sous forme de lettres adressées à Arthur

Yunck, qui dans son voyage en 1783 dit qu'il

dédaigna de parcourir le Rouërgue.

Donner à sa physionomie la date

du jour.

Aut. L. Loup—Rodez

Mon cousin M. Mestre-Chanier m'a
dit que les montagnards de Lacalm
avaient la peau si dure que l'un d'eux
changeant une ruche lui montrait sa
main couverte de mouches à miel en
lui disant voyez comme ce petit
bétail travaille sur ma peau mais
je l'ai dure et ce petit bétail ne
peut me piquer.

Si l'histoire n'était que le récit
d'événements politiques ou militaires
le petit village de Ste Radegonde
aurait la sienne, mais elle serait contenue.

« Un paisan près Naucelle en Rouergue revenant
« de quelque lieu hors sa maison, ne trouvant sa femme
« en icelle, et ayant entendu qu'elle festoyoit les prestres

Aut. L. Loup—Rodez

C'est sur les mémoires de feu
mon ami Jean-François-Gaspard de
Labrieu que j'ai écrit ce chapitre.
L'agriculture aveironnaise doit à cet
excellent homme d'avoir puissamment
contribué à l'introduction des mérinos

Monteil

mon neveu Charles m'apprend
ce que j'ai cent fois vu que l'on
couronne d'une croix de fleurs les
grosses meules de blé. quelque fois
on attache une couronne à l'extrémité
des Croisillons. voici la figure.

precisitament enseveli. il vivrait encore
et longues années, car sa constitution
était excellente.

Écrit à Passy, le 25 8bre 1841.

Roques

Aut. L. Loup—Rodez

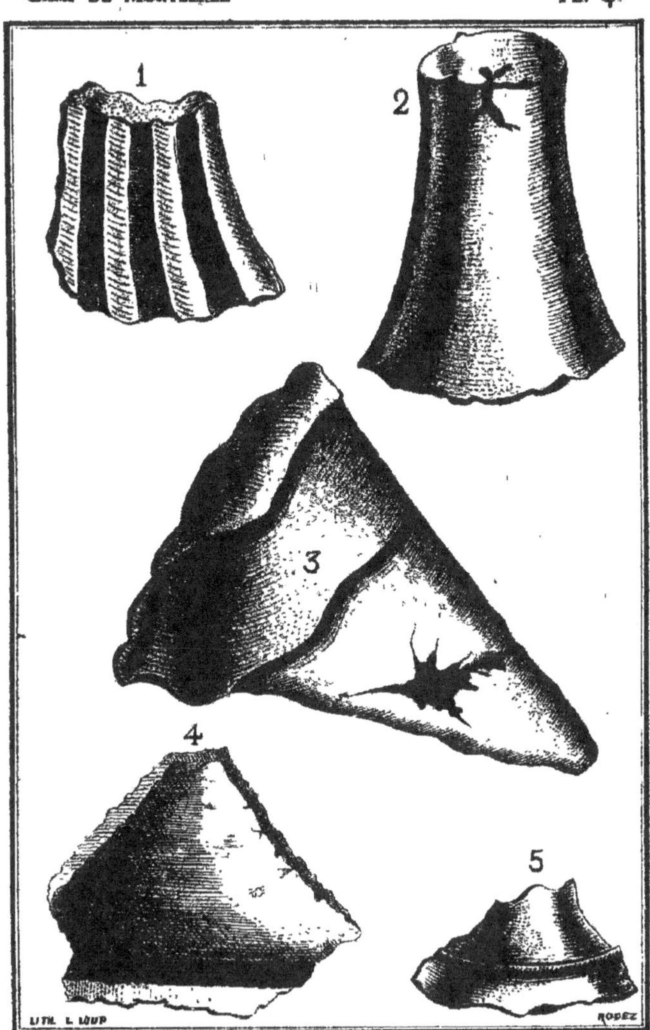

Briques antiques

Chateau de Gages

Pl. 2

Lith. L. Loup Fils - Rodez

LITH L. LOUP FILS - RODEZ

DÉPARTEMENT DE L'AVÉIRON.
Divisé en cinq Arrondissements et 80 Cantons.